CASTELLO BRANCO
TESTEMUNHOS DE UMA ÉPOCA

Luiz Viana Filho, org.

Castello Branco
Testemunhos de uma época

Prefácio de Luiz Viana Filho

Revisão de Alberto de los Santos

COLEÇÃO TEMAS BRASILEIROS
Volume 61

Editora Universidade de Brasília

Este livro ou parte dele
não pode ser reproduzido por qualquer meio
sem autorização escrita do Editor

Impresso no Brasil

Editora Universidade de Brasília
Campus Universitário – Asa Norte
70.910 – Brasília – Distrito Federal

Copyright © 1986 by Editora Universidade de Brasília

EQUIPE TÉCNICA

Editor:
Maria Riza Baptista Dutra

Supervisor Gráfico:
Elmano Rodrigues Pinheiro

Controlador de Texto:
Patrícia Maria Silva de Assis

ISBN – 85-230-0053-4

Ficha catalográfica elaborada pela
Biblioteca Central da Universidade de Brasília

C349   Castello Branco: testemunhos de uma época, por
        Aliomar, Baleeiro e outros. Brasília, Editora Univer-
        sidade de Brasília, c1986.
        118 p. (Coleção Temas Brasileiros, 61)

        981.096.1   32 (*81*)
        Baleeiro, Aliomar, 1905 –
        t
        série

SUMÁRIO

Prefácio: Luiz Viana Filho 3
1. Aliomar Baleeiro 5
2. Francisco Negrão de Lima 29
3. Herbert Levy 33
4. Lincoln Gordon 39
5. Mem de Sá 51
6. Oswaldo Trigueiro 67
7. Pedro Aleixo 79
8. Raimundo Padilha 83
9. Roberto de Abreu Sodré 85
10. Vernon Walters 107

PREFÁCIO

Ao pretender escrever um ensaio sobre o Governo Castello Branco, não faltou quem acreditasse prematura a minha iniciativa, por faltar-lhe a perspectiva que só o tempo dá. De algum modo, sobretudo se fosse meu propósito fazer o julgamento histórico dàquele período de governo, a observação seria exata. O meu objetivo, entretanto, era bem menor, pois visava apenas preservar, enquanto ainda bem vivas, as lembranças de importante fase da vida nacional, e que certamente não custariam a dispersar-se, tornando difícil o trabalho dos que se propusessem a analisar e avaliar o período imediatamente posterior à Revolução de 1964. Era mais um depoimento ou testemunho do que uma História.

E, justamente para fixar as lembranças de contemporâneos que tivessem tido a oportunidade de mais de perto conhecer e tratar com o presidente Castello Branco, busquei recolher a valiosa colaboração dos que acreditava poderem ou deverem deixar conservadas para o futuro importantes lembranças sobre os relevantes acontecimentos e decisões que assinalaram o Governo Castello Branco e sobre a vigorosa personalidade do grande Presidente. Alguns já o fizeram mediante conferências ou publicações em jornais. Outros, por motivos os mais diversos, mas certamente respeitáveis, têm preferido o silêncio, que possivelmente quebrarão quando considerarem chegado o momento de falar à História, certamente curiosa de conhecer-lhes as observações e depoimentos sobre episódios de que participaram, por vezes intensamente.

Ao transcorrer o décimo quinto aniversário do trágico desaparecimento do presidente Castello Branco, a Universidade de Brasília entendeu, e entendeu bem, que poucas homenagens seriam tão expressivas quanto a publicação dos depoimentos agora entregues, na sua íntegra, ao conhecimento do País. São testemunhos da maior significação sobre o homem, o administrador e o político, faces diversas, todas elas extraordinárias, do cidadão que o destino elevou à Presidência da República numa das horas mais difíceis da nacionalidade, e cuja moderação, equilíbrio, sabedoria e patriotismo foram decisivos para a restauração do Brasil, abrindo caminhos para que venha a emergir como grande potência.

O tempo – sobretudo num País de fraca memória, como é o Brasil – costuma ser cruel; é com rapidez que envolve o passado nas brumas do esquecimento. À essa constante, o presidente Castello Branco representa confortadora exceção – mais os anos passam, maior é a admiração e o reconhecimento da nacionalidade aos inestimáveis serviços que lhe deve.

LUIZ VIANA FILHO

1. ALIOMAR BALEEIRO

Deputado Federal pela Bahia (1946-1959), deputado Federal pela Guanabara (1959-1965), secretário da Fazenda da Bahia (1959-1960), ministro do Supremo Tribunal Federal (1965-1975).

Minhas recordações* mais remotas de Castello Branco recuam até o primeiro governo de Juraci Magalhães, na Bahia, após a Revolução de 1930. Entre 1933 e 1937, Castello Branco, então no posto de capitão ou major, passou pelo porto da Bahia num navio e Juraci o homenageou, porque, se me não engano, fora seu aluno da Escola Militar. Mencionou-o como oficial de inteligência e cultura.

Não me lembro de o ter visto novamente ou fixar atenção nele salvo através de uma ou outra referência de jornal a propósito de sua atuação na Segunda Guerra Mundial.

Na Campanha do Brigadeiro (1945) e na Constituinte de 1946, apesar de eu pertencer ao grupo juracisista dentro da UDN, o velho Otávio Mangabeira, que pouco a pouco simpatizou comigo, passou a conversar mais ou menos francamente sobre o que, intimamente, pensava da situação brasileira, inclusive das influências militares no balanço de forças partidárias. Assim continuou intermitentemente enquanto governou a Bahia e depois, já no segundo governo de Vargas, que o inquietava, até que este se suicidou em 1954 e, pouco depois de um ano, ocorreram os dois golpes de Estado do general Henrique Teixeira Lott. Após isso, houve em vários lugares conversas de vários políticos civis com militares. Lembro-me bem de uma dessas conferências na modesta casa do major Maurício Cibulares, lá perto da Praça da Bandeira.

Mangabeira procurou contactos com outros militares, sobretudo com os que tinham comando ou prestígio entre seus pares, além daqueles notoriamente simpáticos à UDN. Estes, é óbvio, estavam afastados de comandos. Nessa ocasião, referiu-se a dois com especial apreço: os generais Ademar de Queiroz e Castelo Branco. Já estava ele bem doente quando me recomendou que, em qualquer emergência para a vida democrática, visitasse e ouvisse Ademar de Queiroz. Guardei bem esse conselho, mas não fiz qualquer esforço para uma aproximação naqueles

---

* O depoimento do Ministro Aliomar Baleeiro é constituído pelas notas e apontamentos confiados pelo mesmo a Luiz Viana Filho.

dois anos. Mas, em 1961, no meio do ano, sempre desconfiado do Jânio Quadros, antes mesmo de ele ser presidente, tive receios sobre a sorte do regime, em virtude de fatos e comentários dessa época. Lembrei-me da recomendação de Mangabeira e pensei em procurar Ademar de Queiroz com a possível discrição. Um dentista baiano, que servira no Exército, Desaix Dias, amigo do Alvaro França, tratava os dentes de Queiroz e de Castello Branco. Procurei-o e pedi que transmitisse ao primeiro o que me aconselhara Otávio e também que gostaria de ouvir-lhe as impressões a sós, se ele concordasse e onde preferisse, tanto na casa dele quanto na minha, ou ainda noutro lugar. Ele preferiu lá em casa, em Stª Clara, quando eu quisesse. Marquei um almoço e ele apareceu com o Desaix à hora designada.

Sentamos-nos os três e Darly. Referi meus temores, tanto mais quanto Jango também me parecia entrosado com Jânio e ambos tomavam atitudes suspeitas em política interna e externa.

Narrei tudo o que sabia de Jânio, por informação de deputados paulistas e pessoas outras, dentre as quais Teotônio Monteiro de Barros, num depoimento cru na presença de Bilac, em casa de Nélson Sampaio, aí por fins de 1959. Perguntei-lhe se achava provável que as Forças Armadas transigissem com qualquer atentado ao regime, ou ao Congresso, ou aos Estados-membros. Respondeu-me negativamente. Insisti ainda em inquirir qual o general com alto comando que poderia inspirar confiança para liderar a defesa das instituições, caso o presidente da República saísse da ordem legal, e também que não se aproveitasse disso para estabelecer seu poder pessoal. Ele disse logo o nome de Castello Branco, que, informou, tinha comando no Norte. Fez-me breve resumo biográfico e dos traços de caráter de Castello Branco. Em segundo lugar, mencionou o general Muricy, que também comandava no Norte.

Conversamos mais sobre a situação e despedimo-nos emprazados para outra troca de idéias, se as circunstâncias a exigissem.

Pouco depois houve a renúncia de Jânio após a inconfidência de Carlos Lacerda, precedida da condecoração de Guevara, viagem do Jango à China, regime parlamentarista, plebiscito, etc. Quando cheguei a Brasília, no começo da legislatura 1963-67, fiquei impressionado com as palavras e atos de Brizola e Jango. Lá para setembro de 1963, houve a revolta dos sargentos em Brasília, parecendo-me que Jango não a ignorava nem a ela era estranho. Seguiu-se a trama para aprisionar Carlos Lacerda e lançar o País no estado de sítio: tudo nos últimos meses de 1963. Segundo João Mangabeira, quando surgiram incidentes na UNE, e a tentativa de reunir o anunciado Congresso pró-Cuba, houve ameaça de intervenção na Guanabara. São vários os fatos inquietadores, além de greves, desde o início de 1963, uns após outros, até a tentativa abortada do estado de sítio (primeira semana de outubro; em setembro o general Pery Beviláqua atacou o C.G.T. e no Congresso os deputados fungavam). Em 23 de

Castello Branco: testemunhos de uma época

setembro de 1963, reunião em casa de Percy Levy, irmão de Herbert, conferindo-se informações dos militares amigos e transmitindo a Adauto opiniões de Ademar de Queiroz (Cordeiro de Faria presente). Pensei comigo mesmo, nessa ocasião, que já era tempo de voltar a conversar com Ademar de Queiroz e, por intermédio dele, com Castello Branco.

Procurei o primeiro e contei-lhe o que eu sabia pessoalmente do estado de sítio e do projeto de seqüestro de Carlos por ordem do general Alfredo Pinheiro Soares Silva (o que eu havia ouvido desde 4 de outubro de 63: no Ministério da Aeronáutica, sobre a prisão de Carlos; suposições de renúncia de ministros militares; confirmação de alguns fatos pelo brigadeiro Clóvis Travasso; o relato do coronel Borges a Carlos, em minha presença, no Palácio Guanabara, na sexta-feira, 5 de outubro, data da mensagem do estado de sítio, etc.). Liguei tudo isso aos antecedentes, inclusive às agitações de pelegos, revolta de sargentos, etc. Pedi, então, que ele transmitisse tudo a Castello Branco, recordando o que Otávio Mangabeira me aconselhara pouco antes de morrer. Convém assinalar que, em 1967, Castello Branco me contou que Otávio fora o primeiro político a ir à casa dele. Isso prova a articulação entre ambos em qualquer data anterior a 1960, pois Mangabeira morreu em dezembro de 1960 e já estava bem doente, hospitalizado, há vários meses.

Outro ponto certo e significativo: – o projeto de sítio fora aprovado na Comissão de Justiça por 16 contra 13 votos, figurando entre os votos favoráveis o de Amaral Peixoto, presidente do PSD, quando Jango enviou mensagem para retirá-lo com surpresa de muitos. Ora, *O Estado de S. Paulo,* de 10 de outubro de 63, atribuiu o recuo de Jango à circunstância de o general Humberto Castello Branco, chefe do Estado-Maior, diante da gravidade da situação, ter expedido ofício em nome desse órgão ao ministro da Guerra manifestando-se contrário à medida e estranhando que o Estado-Maior e o Alto Comando não tivessem sido convidados a examinar a oportunidade de tal providência, sendo legalmente competentes para esse pronunciamento. Esse documento – acrescentou *O Estado de S. Paulo* – refletia o sentimento quase unânime dos generais com comando nos 1º, 2º, 3º e 4º Exércitos.

Por essa ocasião, já se empossara na Chefia da Casa Civil (ou Militar) de Jango o general Assis Brasil.

Depois de transmissão de fatos e opiniões através de Ademar de Queiroz, este me avisou que Castello Branco concordava em ver-me pessoalmente.

Pus-me à disposição dele, que deveria indicar o lugar que lhe parecesse mais discreto. Castello Branco marcou na própria residência dele, à noite, devendo Ademar de Queiroz apresentar-me. Sugeri a presença de Bilac, que foi aprovada por Castello Branco.

Lá chegamos os três à rua Nascimento Silva, nº 394, uma casa de dois pavimentos. Expusemos os nossos pontos de vista, havendo pequenas divergências entre Bilac e eu quanto ao diagnóstico e prognóstico da situação. Castello Branco ouvia em silêncio e às vezes fazia uma ou óutra pergunta. Concordava com a gravidade da situação e exprimia a confiança em que as Forças Armadas desempenhariam, conforme as circunstâncias o exigissem, o papel de garantia das instituições nacionais e dos três Poderes. Bilac referiu-se à "guerra revolucionária", trocando idéias com Castello Branco sobre os conceitos respectivos.

Os fatos sucederam-se. Bilac, dentro dos pontos de vista daquela conversa, foi à tribuna e à imprensa, tratando da "guerra revolucionária" montada por Jango com distribuição de armas a agitadores, com a conivência das autoridades, além da distribuição de folhetos copiados de Che Guevara para os "comandos dos 11" de Brizola. Bilac, creio, serviu-se de estudos de oficiais do Estado-Maior com os quais mantinha contacto. A esse tempo explodiu novo escândalo: a crise desfechada pelo general Albino Silva contra comunistas em altos postos da Petrobrás.

Por outro lado, recrudesciam as lutas e tensões entre fazendeiros e invasores de terras encorajados pelo PC e pelo PTB em vários pontos do país. Vi em Goiás que os fazendeiros adquiriam metralhadoras e estavam dispostos à luta, segundo me disseram.

Voltamos à casa de Castello Branco, os três, em meados de fevereiro de 1964, sempre à noite. Nessa ocasião, Castello Branco estava menos cauteloso e mais confiante: discutiu o prognóstico da situação, parecendo apoiar o ponto-de-vista de Bilac, segundo o qual Jango marcharia mais e mais na técnica da guerra revolucionária, enquanto eu admitia que ele utilizaria o PC como instrumento, esmagá-lo-ia e firmaria o governo pessoal e ditatorial, procurando imitar Vargas. Argüí a riqueza e interesses pessoais de Jango. Todavia Castello Branco admitiu que Jango também poderia mais tarde flectir para o golpe de direita, porque queria apenas poder ilimitado e incontrolado. Contou-nos suas conversas com Jango, que, numa delas, lhe perguntou: "– Por que os generais não conversam com os sargentos?" Castello Branco respondeu: "– Porque os comandam e ninguém conversa com os generais." Explicou-nos que, assim aludiu a que o presidente da República não ouvia nunca o Alto Comando nem o Estado-Maior das Forças Armadas.

Lembrei-me, então, do *O Estado de S. Paulo,* de 10 de outubro de 63, parecendo-me confirmada a notícia de sítio, acima citada.

A certa altura, Castello Branco aconselhou-nos a que o Congresso perseverasse em sua resistência, dentro dos métodos legislativos, fechando Jango num círculo de ferro. Referiu que Juscelino Kubistchek, quando presidente, enviou ao EMFA duas hipóteses para estudo: a) guerra com a Rússia; b) guerra comunista interna.

Conversou-se sobre 1960 e Ademar de Queiroz contestou que Assis Brasil tivesse movido o general Machado Lopes a enfrentar os ministros militares em 1961, após a renúncia de Jânio: – isso foi obra de Pery

Castello Branco: testemunhos de uma época 9

Beviláqua, que veio de Stª Maria, aproveitando-se de ser abúlico aquele general nas horas de crise.

Como eu procurasse extrair de Castello Branco uma definição, já que se mostrara menos reservado do que na conversa anterior, declarou-nos: – "As Forças Armadas não apoiarão qualquer movimento endereçado a dar poder pessoal ou ditatorial a Jango, mas também não acolherão atentados às atribuições constitucionais dele, "enquanto constitucionais". Insisti nos fatos sucessivos, inclusive os recentes denunciados por Bilac. Ele concordou em que Jango pretendia apoiar-se nos sargentos, nos operários e nos comunistas para algum objetivo ainda não perfeitamente definido e concedeu que havia coincidência entre o conceito de guerra revolucionária dos comunistas e os atos de Jango. Admitiu que Jango e Brizola pretendiam movimentos separados um do outro. Não se mostrou convencido de que os Estados Unidos pudessem ter qualquer gesto no momento, ou não deu grande importância a isso como fator decisivo.

Saí de lá com a impressão de que ele estava do nosso lado e que suas palavras valiam por uma promessa de ação, pois, afinal reconheceu que Jango agia como em guerra revolucionária e, portanto, "fora das atribuições constitucionais". Por outro lado, Ademar de Queiroz, ligado a ele, estava já convencido de que a situação se tornava mais grave dia após dia.

Voltei, só, dois dias depois, à casa de Castello Branco, para entregar-lhe, como lhe prometera, um livro de Walt W. Rostov, professor de História Econômica no MIT sobre a "Dinâmica da Sociedade Soviética", estudo objetivo da Rússia e seus homens. Era um *pocket book* barato e dele comprei outro exemplar para Ademar de Queiroz, já que ambos se mostraram curiosos sobre esse livro, que comentei naquela segunda noite. Não houve nada de importante nessa breve conversa, que girou mais sobre a Rússia e Rostov. Anos depois, já ele presidente, jantamos ambos com Rostov, na casa de Roberto Campos, de quem o autor era amigo e que o convidou a visitar o Brasil e fazer uma conferência na Universidade de Brasília.

O resto de fevereiro e a primeira quinzena de março de 1964 foram pontilhados de novas provocações de Brizola e Jango, enquanto se exacerbava a luta de fazendeiros e invasores no Norte, Nordeste, Leste e Centro. Para testar Jango, fiz breve discurso em fins de janeiro em que afirmei ter Jango herdado pouco mais de 500 contos (1425 h., algum gado) e possuir em 1964 mais de 100.000 h., multiplicando a herança 1 x 200. Não houve qualquer reação dele ou do PTB. Ora, tínhamos no cofre da UDN a documentação exaustiva por certidões, a fim de ser exibida se houvesse contestação. Diante disso, combinou-se que Antônio Carlos faria um discurso minuciando o conteúdo das certidões comprobatórias naquela multiplicação. Brizola agitava os "grupos de 11". Santiago Dantas, já bem doente aliás, dava à luz sucessivos planos de confiscos de

10 Aliomar Baleeiro

terras; ao lado da volta do PC à legalidade. Por outro lado, surgiam reações significativas, pois João Pinheiro Neto foi escorraçado em Governador Valadares. Darcy Ribeiro declarou que Jango não conspirava, respondendo Bilac que não se confunde conspiração com guerra revolucionária. Sugeriu que Jango ouvisse a respeito o Alto Comando. Anunciou-se que Luís Carlos Prestes voltara da Rússia.

Nesse período (segunda quinzena de fevereiro de 1964), o *Correio da Manhã* noticiou que certo pronunciamento de Pedro Aleixo continha alusões transparentes a informações confidenciais fornecidas pelo general Castello Branco. Carlos Castello Branco, no *Jornal do Brasil*, escreveu que Bilac passara à ofensiva e aproximava-se da cúpula militar. Logo depois, era noticiado que Castello Branco seria afastado do Estado-Maior. Pedro Aleixo, por sua vez, desmentiu que Castello Branco fosse o informante da oposição. Ainda a 27 de fevereiro, abordei o escândalo da Comal-Wallace Simonsen, (denunciado por Levy), no café exportado. Dizia-se que Nei Galvão era sócio de Jango numa fazenda da fronteira. Mais ou menos a 25 de fevereiro, o povo mineiro reagiu contra comício de Brizola, sendo apreendidas duas metralhadoras e várias pistolas 45 que o almirante Cândido Aragão dera a fuzileiros para servirem de capangas àquele deputado.

Pensamos, então, em precipitar a solução, mediante início do processo de *impeachment* de Jango. Redigi a petição, fundamentada com vários fatos notórios e susceptíveis de prova, e a submeti a Pedro Aleixo. Adauto conversou com Martins Rodrigues sobre isso. Os jornais comentavam abertamente a iminência de um golpe, variando as versões. Pedro Aleixo, líder da Câmara, autorizara-me a fazer a petição de *impeachment,* mas ponderou que não devia ser assinada por udenista. O deputado Olavo Costa (PSD-MG) me procurou para oferecer-se como denunciante, mas Pedro Aleixo achou que deveria caber essa missão a um nome apolítico ou apartidário, merecedor de respeito. Lembramo-nos de Sobral Pinto, que veio ao nosso encontro na casa de Adauto, então doente e de cama: estava também presente Alcino Salazar, procurador-geral da Guanabara. Isso aconteceu em 14 de março de 1964, salvo engano. Na véspera, Jango realizou o famoso comício da Central do Brasil e eu fui, nesse dia, a São Paulo, comentar na TV logo após o encerramento do *meeting,* os fatos e o discurso do presidente da República. Falei das onze da noite até as três da madrugada seguinte, porque os telefonemas diretos me levaram a isso. Durante horas, esteve presente e calado o padre Balieiro de Jesus Silva, secretário da Educação de Ademar de Barros. À saída, os estudantes me acompanharam até o hotel, em grande agitação. O padre foi até lá e fez um sinal de que queria falar comigo a sós. Desvencilhei-me e o ouvi: "Dr. Ademar manda lhe dizer que conta com o general Kruel, com quem conversou francamente. Pede que o senhor transmita isso confidencialmente a seus amigos militares de alto nível". Voei cedo para o Rio, estive

Castello Branco: testemunhos de uma época

com Sobral Pinto e este prometeu assinar a petição, pondo-a no estilo dele, embora soubesse que daí viriam perseguições a um filho e genro, ambos diplomatas. Às dezessete horas, mediante prévia combinação telefônica, fui avistar-me com Castello Branco em casa de Ademar de Queiroz, à rua Leopoldo Miguez. Submeti a ambos a petição do *impeachment,* mas Castello Branco considerou que ainda não era oportuna, porque poderia desencadear, como reação, a greve geral. Disse-me que Costa e Silva, em termos francos e rudes, advertira o general Jair Ribeiro Dantas, ministro da Guerra, ouvindo deste a promessa de que Jango não faria novas imprudências. Contei o recado de Ademar de Barros e ambos me declararam que isso coincidia com as notícias que possuíam sobre a atitude de Kruel. Pelas conversas anteriores a propósito do "Manifesto dos Coronéis", eu sabia que eles tinham restrições a Kruel.

Referi a ambos o que se passara lá em casa entre mim, Etchgoyen e Bilac, em 1955, por ocasião do episódio Bizarria Mamede, isto é, a frase de Lampião – "Foi preciso almoçá-lo, antes que ele me quisesse jantar". Ou Jango seria liquidado logo, ou ele liquidaria as instituições, "inclusive as Forças Armadas", do que eles tinham exemplo na insurreição dos sargentos, uso do Exército no comício de véspera, etc. Acrescentei que, no caso de afastamento de Jango, – o que me parecia fatal – o substituto seria Mazzili; mas Bilac e eu achávamos que, diante da inevitável conturbação daí decorrente, o sucessor a ser eleito pelo Congresso devia ser um militar decente com tais e tais qualidades. Voltei-me para Castello Branco e perguntei à queima roupa: "– Sabe quem me parece reunir todos esses requisitos e atributos?". Ele fez um gesto negativo com a cabeça, e eu disse: "– O senhor, pelo que tenho ouvido, etc." "Mas não é para ficar." Ele me olhou e permaneceu em silêncio, fixando depois a ponta do tapete.

Permaneceu calado e depois se despediu, continuando eu a conversar com Ademar de Queiroz. Antes, porém, Castello Branco me disse que a solução estava bem próxima.

Decorridos oito dias, mais ou menos, era a semana Santa e, no curso dela, ocorreu a revolta dos marinheiros fuzileiros, arreganhos do almirante Cândido Aragão, etc. Adauto, Padilha e eu nos reunimos em casa de Bilac, de onde telefonamos para Ademar de Queiroz, cuja residência estava cheia de oficiais. Os fatos precipitavam-se com os vários episódios nos quais Jango se mostrou inepto como sempre. No domingo, penso que 29 de março, Herbert Levy excitadíssimo, telefonou-me em inglês, de São Paulo, comunicando que lá tudo estava cem por cento, pretendendo Ademar e Kruel pôr a procissão na rua àquela noite. Voltou a telefonar, perguntando se os tanques já estavam na rua, no Rio. Resolvi telefonar a Ademar de Queiroz, contando-lhe os telefonemas de Herbert. Ele me respondeu que telefonasse para São Paulo e dissesse que tudo só deveria começar daí a 72 horas. Não se precipitassem.

A 30 de março, seguimos cedo para Brasília e os deputados no avião já não tomavam precauções acerca do que falavam com clareza. Antônio Carlos fez o discurso sobre os bens de Jango e o PTB. À noite, trovejou ameaças com Almino Afonso. Jango compareceu à homenagem do Automóvel Club. O mais todo mundo sabe. Eleito Castello Branco, escrevi um bilhete a Ademar de Queiroz sobre o assunto, embora decepcionado com a escolha de José Maria Alkmim. Quando cheguei ao Rio, Ademar de Queiroz me telefonou, referindo-se ao bilhete e participando-me que Castello Branco estava a seu lado e queria dar-me uma palavra. Ele me disse: "Dr. Baleeiro, não me esqueço de que o senhor foi a primeira pessoa que se lembrou de mim para presidente da República. Mas também não esqueço de que o senhor me disse que "não era para ficar". Afirmo-lhe que não ficarei".

No começo de 1965, se não me engano, Castello Branco me telefonou no Rio e disse rapidamente que seus colegas de turma costumavam reunir-se todos os anos naquela data e que ele fizera um pequeno *speech,* tendo pensado em mim. Eu o ouvisse quando fosse irradiado. À noite, escutei o discurso de reafirmação de que não ficaria no cargo quando se esgotasse o prazo fixado pelo Congresso.

Não fui cumprimentá-lo no Planalto no dia da posse: avistei-me com ele dias depois, quando um grupo de deputados, sob a presidência de Raul Pila, foi discutir algum assunto, talvez a Emenda Parlamentarista. Eugênio Gomes ia me apresentando, mas ele interrompeu: – "Eu e o Dr. Baleeiro já nos conhecemos há muito tempo". Como, a seguir conversasse sobre parlamentarismo, perguntou-me, rindo: "– Isso já é oposição a mim?"

Creio que a primeira vez em que conversamos longamente, depois da posse, foi quando ele (Castello Branco) me enviou, pelo Rondon, cópia de um projeto de Roberto Campos e Bulhões sobre imposto de consumo, perguntando minha opinião. Escrevi poucas palavras e devolvi o texto ao Rondon. Este, no dia imediato, disse que ele me queria falar no Planalto. Conversamos matéria estritamente pública. Ele me indicou uma poltrona e sentou-se numa cadeira comum, incômoda, a meu lado, parecendo que nela se sentia mais confortável, por qualquer coisa de coluna vertebral.

Outras conversas tivemos sobre assuntos públicos, lá ou no Alvorada. Neste, convocado para almoço, o que fazia no andar superior, numa pequena mesa redonda: salada, um prato simples, salada de frutas, água comum, à espartana. Recebia-me sempre só. Conversávamos sobre generalidades, quando nos encontrávamos em jantares ou recepções de amigos comuns. Gostava de ironias. Era sempre pontualíssimo e extremamente cortês com todas as pessoas convidadas, cumprimentando-as com aperto de mão à chegada e à saída. A princípio, de preto. Depois tom escuro, grafite, mate (sem brilho). Comia pouco. Nunca o vi beber whisky

Castello Branco: testemunhos de uma época 13

onde este era servido. Mas bebia moderadamente vinho e parecia gostar de champagne.

Apesar de não se ter envolvido em política antes da Revolução, transformou-se rapidamente, a meu ver, num político infatigável. Dentro de poucos meses, fez contato pessoal e direto com grande número de senadores e deputados. Até outubro de 1965, realizou profundas reformas da estrutura nacional por meio de Emendas Constitucionais votadas pelo *quorum* de 2/3, quando o Congresso ainda estava com apreciável número de homens do PTB ou do PSD mais ou menos comprometidos com Juscelino Kubistchek e outros. Convocava ao Palácio os parlamentares e telefonava-lhes, cabalando votos para as reformas, projeto ou para eleições, como a de Bilac para a presidência da Câmara.

Lembro-me de que, por ocasião da reabertura do Congresso, em 15 de março de 65, ofereceu um coquetel aos congressistas, conversou com todos e logrou a presença de homens que lhe eram hostis ou tidos como tais.

É expressiva a atitude dele com o ministro Ribeiro da Costa, que, embora houvesse prestigiado o Congresso na deposição de Jango, assistindo à mesma e permanecendo com Mazzili no Planalto até às três horas da madrugada, fez depois várias grosserias e provocações ao Governo (incidente com Costa e Silva, devolução de condecorações e convites, etc.). Embora Castello Branco, em conversa comigo, não lhe poupasse alguns sarcasmos velados, nunca se deu por achado e, quando se encontravam em cerimônias públicas, antecipava-se em cumprimentá-lo polidamente, como eu presenciei algumas vezes. Quando afinal, Ribeiro da Costa se aposentou (fim 1967), Castello Branco ofereceu a ele e ao Gallotti um jantar.

Nunca se mostrou aborrecido comigo quando manifestei opinião contrária aos ministros Campos e Bulhões, em assunto que me consultou. Numa das vezes, Bulhões no dia imediato foi lá ao meu apartamento em Brasília, subindo cinco escadas, porque o elevador estava enquiçado, e deu-me várias explicações, o que atribuo ao dedo de Castello Branco. Por ocasião da Emenda nº 18 (reforma do sistema tributário), Campos e Bulhões discutiram comigo, no Ministério da Fazenda, durante a manhã toda, porque eu fizera algumas restrições na conversa com Castello Branco.

É necessário pesquisar o projeto de emenda constitucional que Castello Branco encomendou a Milton Campos, sobre maioria absoluta, eleição indireta pelo Congresso, na primeira quinzena de junho de 1964. Na quinzena imediata, a bancada da UDN estava descontente e como a reunião foi assistida por jornalistas, estes divulgaram rompimento virtual entre o Partido e Castello Branco. Interpelado no Ceará, onde se achava, Castello Branco mostrou-se surpreendido, porque considerava a UDN o

14 Aliomar Baleeiro

sustentáculo da Revolução. Parece que Bilac neutralizou as intrigas e provocou essas declarações do Ceará.

Em fins de julho ou nos dois primeiros dias de agosto de 1964, Carlos Lacerda fez publicar uma carta dirigida ao deputado estadual Nina Ribeiro em que já agride o presidente. Teria "michado", ou murchado, teria traído o Carlos, etc. Nina leu o papel na Assembléia e Carlos no dia imediato reiterou tudo isso noutra carta a Hélio Fernandes. Como as sobras atingissem a Bahia, do *Jornal do Brasil,* houve reação deste. Ambos atingiram Castello Branco, que não passou recibo, declarando apenas que voltaria a falar com Carlos "se isso fosse necessário ou de interesse público". Três dias depois, Carlos declarou que não havia rompido com o presidente. Na primeira semana de agosto de 1964, a UDN, incorporada, foi a Castello Branco e prestou-lhe solidariedade pela boca de Bilac. Respondeu Castello que, sem ter sido homem de partido, sempre votara, nas eleições de todos os graus, nos candidatos da UDN, partido que fizera a Revolução com o próprio Bilac à frente. E citou a "guerra revolucionária" que sensibilizara as Forças Armadas. Queria o apoio da UDN por todos os modos, inclusive mesmo por críticas acerbas. "Um partido de homens livres não dá apoio incondicional, mas sugere, estimula, diverge e critica" (palavras dele).

No fim de agosto de 1964, Carlos Lacerda pediu ao presidente para obter de Milton Campos que este pressionasse o Supremo Tribunal Federal no sentido da aplicação do AI-1 à Guanabara. Em princípio de novembro de 1964, a Convenção da UDN, em Curitiba, fez de Carlos candidato à presidência e, pelo menos para mim, foi transparente o desagrado de Castello Branco, talvez por se ter precipitado o processo da sucessão.

Ainda em agosto, irrompeu a crise do Mauro Borges e a intervenção em Goiás. Ele telefonou pessoalmente a vários deputados para aprovação do decreto pela Câmara.

Peron foi devolvido à Espanha, por esse tempo, e os peronistas, em Buenos Aires, queimaram a bandeira brasileira e o retrato do presidente da República. Em dezembro, Costa e Silva reiterou por vezes solidariedade a Castello e repulsa a Carlos, que "não vai romper, mas já rompeu com a revolução antes e depois da carta ao presidente da República". Murilo Melo Filho, numa crônica publicada pela *Manchete,* no começo de dezembro, alude mais ou menos ao apoio da Divisão Blindada e da Base de Santa Cruz a Lacerda, antes da carta de Júlio Mesquita. Ao mesmo tempo ocorreram incidentes da Marinha com a Aeronáutica por causa da aviação embarcada, surgindo a demissão do ministro, o brigadeiro Lavenère. Rafael de Almeida Magalhães, apesar de Carlos Lacerda (não creio que por astúcia deste), tinha contactos com Castello.

Castello Branco: testemunhos de uma época

Ainda em dezembro de 1964, começa a crise do Rio Grande do Sul (exonerações de homens do PL, etc.) e recrudescem boatos sobre maquinações de Sílvio Heck contra Castello, com Carlos no meio.

Em janeiro de 1965, exacerbou-se a crise do porta-aviões, para bordo do qual teriam voado aviões da Marinha contra a ordem de Castello Branco. Nova demissão do ministro da Aeronáutica. O brigadeiro Adil Faria declinou do convite para ministro. Eduardo Gomes aceitou o Ministério, apesar de recentemente operado. Muita gente na posse dele, inclusive Ademar de Queiroz. O presidente mandou que os helicópteros ficassem com a Marinha e os aviões com a Aeronáutica. Exonerou-se do Ministério, por isso, o almirante Batista com mais cinco outros. Em janeiro de 1965, houve fervura para não se realizarem eleições. Krieger publicamente defendeu a reelegibilidade dos Presidentes como nos Estados Unidos. Castello repeliu isso no discurso a que já me referi e a propósito do qual me telefonou.

Logo depois, luta pela Presidência da Câmara, Bilac vencendo Mazzilli com ação firme de Castello Branco, a quem Adauto telefonou, pedindo-me que testemunhasse ele afirmar que Bilac aceitaria, apesar do que fora noticiado pelos jornais. Adauto queria que eu ouvisse ele dizer ao presidente que, convidado por ele para candidato, insistia em Bilac. Adauto queria ser presidente da Câmara mas como soube que Cordeiro de Farias e Mendes de Moraes pressionavam Castello em favor de nome pessedista, optou por Bilac, a fim de ter maior desembaraço na luta. Você me contou, em princípio de março de 1965, que Adauto queria mesmo a Presidência da Câmara e botou a Sandra no encalço do Suplicy, que se recusou a falar a Castello, porque este já se fixara no Bilac.

No dia imediato, Adauto jantou comigo e Castello Branco telefonou lá para casa, chamando-o. Comentaram a vitória e eu mandei um recado: "ganha uma batalha, é preciso ganhar a guerra para sempre".

Carlos enfureceu-se com a eleição de Bilac para a Presidência da Câmara e queria extorquir-lhe um apoio expresso à candidatura dele à Presidência da República. Ameaçou-o de publicar um manifesto contrário.

Alguém sugeriu um congelamento de salários superiores a 800 mil cruzeiros velhos, o que causou inquietações.

Note-se que em 31 de março de 65, Castello compareceu ao Congresso e lá discursou.

Em abril de 1965, cuidou-se de eleger o presidente da UDN, e Antônio Carlos, já antes, indicara meu nome, que teve, a princípio, inúmeros apoios. Carlos falou comigo, dizendo que reconhecia meus títulos, mas que apoiaria Ernani Sátiro, porque eu me desligara da política carioca e pensava apenas na política nacional. Nada objetei. Acontece que Ernani Sátiro me irritou, excluindo-me de representar a UDN na Comissão sobre a Emenda Parlamentarista, notório meu interesse por ela.

16 Aliomar Baleeiro

Enfrentei a parada, embora para perder. Os senadores udenistas ficaram logo com Sátiro, que confabulou com Magalhães Pinto pelo telefone. Vários udenistas queriam saber o que Castello Branco pensava sobre o caso. Ele lhes declarou que não se envolveria e a Sátiro disse que nada tinha a objetar. Sátiro divulgou isso, seguiu no mesmo avião meu para o Rio e saltou em Belo Horizonte, a fim de conversar com Magalhães Pinto.

No dia em que conversou com Sátiro, Castello Branco me telefonou convidando-me para jantar. Era oito de abril e não aceitei o convite, explicando-lhe que deveria voar para o Rio à tarde, porque no dia imediato era meu aniversário de casamento e já havia telefonado para Darly de que o passaria com ela. Ele disse então que me chamaria logo que eu regressasse. A semana seguinte era a Santa. Na quarta-feira de Trevas você me transmitiu convite dele para acompanhar Vasco Leitão na viagem oficial a Buenos Aires. Vacilei, mas afinal aceitei, e Vasco, no dia imediato, fez o convite oficial pelo telefone.

No dia vinte e sete de abril, cheguei a Brasília e encontrei no aeroporto um automóvel com um funcionário do Planalto, enviado por você, para levar-me ao Alvorada, onde Castello me aguardava para almoçar. Como de outras vezes, almoçamos numa pequena mesa redonda. Perguntou-me se havia gostado da viagem à Argentina e conversamos sobre a política daquele país, a impressão chocha que me dera Ilia. Depois, em tom irônico, indagou-me do meu parlamentarismo. Discutimos longamente e ele se mostrou interessado, salientando: a) a instabilidade ministerial da França; b) o problema dos Estados-membros; c) o *modus faciendi* de aprovação da emenda e inserção dela de modo a não quebrar o conjunto das disposições constitucionais remanescentes. Apesar de ele ter assistido, quando residente na França, às crises de 1934, não senti viva resistência ao parlamentarismo, que talvez considerasse como uma hipótese aceitável em melhores circunstâncias. Veio à tona o Carlos, e admitiu algumas qualidades positivas, mas chegamos à conclusão ambos de que seria perigo nacional e até internacional tê-lo como presidente do Brasil. Discorreu sobre história, falando sobre Caxias, Calabar, Napoleão em Ércole, Ato Adicional de 1834, Marquês do Paraná, Príncipe Alberto e Rainha Vitória, comentando o valor de Hélio Viana. Não sei por que trouxe à conversa Anatole France, cuja antipatia aos militares lamentou. Eu ponderei que era maior a antipatia anatoliana aos juízes. Disse-me que esperava naquele dia a visita de Ribeiro da Costa a respeito do caso Arraes. Notou a humildade do presidente do Supremo Tribunal Federal, que pedira audiência à Casa Militar, quando, anteriormente, havia telefonado diretamente a ele. (Caso do "advertir" no ofício ao general que prendia o Arraes).

Evidentemente eu compreendi que ele me quis manifestar apreço pessoal, apesar de ter sido forçado a engolir Sátiro na Presidência da UDN. Pensei comigo mesmo que ele esperava que eu tocasse no assunto e me

Castello Branco: testemunhos de uma época

queixasse. Não o fiz e, como ele prolongasse muito a conversa após o almoço, eu lhe disse que naturalmente era hora dele voltar ao Planalto e eu esperava apenas que me mandasse embora, porque lhe cabia a iniciativa. Respondeu-me que ia permanecer para aguardar Ribeiro da Costa e tentou abordar o caso da presidência da UDN. Na primeira pausa, expliquei que eu não tinha ambição nem interesse; iria disputar para perder como contestação ao que significava o outro candidato nas circunstâncias. Para mim, podia repetir que era uma batalha perdida, mas com esperança de ganhar a guerra; que não se preocupasse, porque eu estava de cabeça fria. Sorriu aprovativamente e despedimo-nos, levando-me até a porta.

Os jornalistas estavam sequiosos pela conversa. Contei-lhes que conversamos apenas sobre história e Anatole.

Em julho de 1964, recrudesceram os ataques de Hélio Fernandes, na *Tribuna da Imprensa* controlada pelo Carlos, contra Castello a quem chamava de "Humberto Amaral Peixoto", "Maquiavel", etc. A 12 de julho de 64, Magalhães Pinto me telefonou para dizer que se entenderą também telefonicamente, com Bilac, e que só eu poderia salvar a prorrogação dos governadores e a maioria absoluta, requerendo, como líder do bloco UDN-PL, destaque da Emenda Agripino-Arinos-Krieger, o que só poderia ser feito por bloco de 25 por cento dos deputados. Respondi que só o faria se autorizado expressa e diretamente por Bilac e dr. Pilla, já que-Magalhães me informava que Sátiro, solidário com Carlos, não o faria. O coronel F. Cerqueira Lima me telefonou, acamado, sondando-me sobre um telegrama de Carlos e sobre as chances da prorrogação dos governadores e do presidente da República (o telegrama de Carlos foi enviado ao Bilac, com grande apetite pela Presidência e indiretas contra nós. Foi expedido de São Paulo.). Votaram-se as Emendas Constitucionais propostas por Castello Branco (voto para o analfabeto, sujeição de juízes a imposto de renda, etc.) com as emendas, até às seis horas da manhã de um dia de julho antes do dia dezoito. Foi prorrogado o período do presidente da República pelo voto decisivo de Luiz Bronzeado, que os deputados levaram aos empurrões (205 votos). Aleixo e Sátiro, salvo engano de memória, votaram contra, mas articularam a favor. Doutel mandou que alguns membros do PTB votassem a favor.

Bilac respondeu ao telegrama de Carlos, dizendo que não adiantava terrorismo, nem a UDN queria líderes carismáticos. Ele, em Belo Horizonte, discursou que fora traído, não se interessava pela maioria absoluta, era candidato e xingou a valer, sobretudo a UDN. Afirmou que atacaria a cúpula, porque contava com as bases. Flores Soares, Abreu Sodré e outros fizeram coro com ele, mas *O Estado de S. Paulo* deixou-o falando sozinho. Contam que, em conversa com Cordeiro de Farias, que o aconselhara a adiar as pretensões, recalcitrou, e o outro perguntou: "– E se você perder?" Resposta: "– Nesse caso, vocês não dêem posse ao vencedor". Aliás, Cordeiro danou-se com ele porque, no tal discurso de Belo Horizonte, teria admitido que falava também por Juscelino Kubistschek, Jango e Jânio, silenciados com o PTB na Câmara.

Nessa ocasião, Pilla e eu renovamos a Emenda Parlamentarista e E. Amaral Peixoto, presidente do PSD, me procurou e pediu-me uma cópia dela, admitindo que era possível o PSD marchar para essa solução. A Emenda chegou a receber assinatura de 2/3 dos deputados.

As emendas de prorrogação, coincidência de mandatos, maioria absoluta etc. foram votadas em Segundo Turno no começo da última semana de julho; Carlos Lacerda amansou, mas escreveu cartas impertinentes a Bilac. Os "fãs" dele cuspiam fogo.

Por essa época, houve em Brasília almoço oferecido, pelos amigos de Cordeiro de Farias, sussurrando-se que seria o candidato a sucessor, com apoio do PSD. Ney Braga andou agenciando a fundação de um Partido Revolucionário.

Coronéis da linha dura, como Rui Castro, estavam traumatizados, querendo mais rigor nas sanções. Assim me falou esse último (novembro e dezembro de 1964). Meses depois, Rui Castro mostrava a mesma inquietação e queixava-se de que Golbery levantava um muro em torno de Castello Branco. Em maio de 1965, ele pediu para falar-me a sós em minha casa e lá disse que havia três conspirações paralelas. Ele me dizia que a Revolução era obra de majores para baixo, e não de generais. Costa e Silva, segundo ele, estava dominado por dois coronéis: Teotônio e J. Portela. Ele, Rui, furava o cerco de Castello por meio do coronel Moraes Rêgo, da Casa Militar. Desconfiei que Carlos estivesse nisso, até porque Rui metia o pau em quase todo mundo e não falava contra o Governo da Guanabara. Disse-me que Castello enviara o próprio genro para conversar com Jânio, em abril de 1965.

Algumas pessoas, inclusive Auro de Moura Andrade, dizem ter ouvido Castello Branco admitir que, conforme as circunstâncias, o parlamentarismo poderia ser a solução nacional (meados de junho de 1965). Eu o abordei meia dúzia de vezes e buzinei nos ouvidos de Golbery, mas nunca lhe ouvi uma aceitação clara, nem também uma repulsa firme: – fazia perguntas, levantava hipóteses, discutia os vários aspectos. Ainda em junho de 1965, Magalhães Pinto hostilizou Castello Branco, certamente porque queria "ficar" em Minas. Nesse tempo, Lacerda conversou com Castello e saiu de lá irritadíssimo. Aliás, também houve fiquismo pró-Castello com Costa Cavalcanti, e os próprios adversários o encorajavam porque o presidente contivera o "dedo duro" e até prendera o coronel Osnelli Martinelli. Mas o coronel Pina queria pedir a prisão de Oliveira Brito por causa de certo IPM.

Em julho de 1965, conversei por vezes com Castello sobre a emenda, que veio a ser a décima oitava. Predominou na conversa a matéria

Castello Branco: testemunhos de uma época

financeira, mas ele, por iniciativa própria, comentou acidamente as atitudes de Carlos e Magalhães Pinto, mostrando-se mais severo para com este. Explicando-me sua política nessa ocasião, eu ponderei que ele estava fazendo a *política do Congresso* e não a *política clássica dos Governadores*, o que desgostava a estes. Concordou. Voltei à carga sobre a Emenda Parlamentarista, comunicando-lhe que Pilla e eu iríamos acelerar a marcha do Projeto que fora fortemente apoiado. Aconselhou-me a arrastar a tramitação mais um pouco: "– Ainda não. Mais adiante será melhor". Pelo menos nessa ocasião, interpretei como um acolhimento ou uma hesitação favorável.

Antônio Carlos, para mostrar o desgosto do presidente com Carlos, disse-me ter ouvido dele que, no casamento de Marisa (25.7.65), ofereceu ao 2º passar à frente e Carlos correspondeu com o mesmo gesto. Ele passou à frente e não olhou mais para trás, embora Carlos falasse alto, sem parar. Quis ficar um pouco na sacristia para um "papo" com Bilac, Adauto e outros, mas não o fez porque Carlos também permaneceu lá.

Em 20 de julho de 1965, você me convocou para casa de Adauto, no Rio, porque queria conversar assuntos graves. Lá, na presença de Rondon, você disse que estava apreensivo com os arreganhos da "Linha Dura", que temia a volta do passado nas próximas eleições, caso em que, no mínimo, seriam reformados. Discutiu-se a inabilidade política de alguns ministros, como o do Trabalho, o caso do IAPI, a manutenção de vários pelegos, etc.

Aventou-se o parlamentarismo numa forma eufemística, isto é, com outro nome. No dia imediato, Rondon almoçou comigo e apareceram os coronéis Cerqueira Lima e Negreiros, que aceitavam o parlamentarismo com outro nome. Adauto pensou induzir Cordeiro de Farias a pronunciar-se pelo parlamentarismo numa conferência na Escola Superior de Guerra.

Fiz dois textos, um bem conciso e mandei a você, como combináramos. Levei cópia a Adauto, então doente, e lá encontrei Arinos, que não estava a par das *démarches* com Cordeiro. Arinos também achava que havia o perigo da linha dura e disse que Cordeiro topara a conferência na Escola Superior de Guerra. Disse-me que Castello chamara a ele, Afonso, e o ouvira.

Correu depois que o PTB escolheria Lott para candidato. Houve encontro secreto de Cordeiro, você e outros no Senado.

A 2 de agosto de 1965, o coronel Rui Castro esteve lá em casa até alta madrugada, conversando sobre o parlamentarismo. Aceitava em tese, mas ele e seus colegas ainda o achavam inoportuno. Entendiam que a UDN se devia harmonizar para vitória na Guanabara e em Minas. Desconfiei da intromissão de Carlos e Magalhães Pinto. Maquinações de Carlos para abrir o abismo entre os udenistas e Castello Branco (duas primeiras semanas de agosto de 1965), trazendo apreensões a Bilac.

20 Aliomar Baleeiro

Conversando tudo comigo, você concordou em que se precisava de um ministro da Justiça, para as necessidades urgentes do momento.

No fim de agosto, via Salvador Diniz, soube que os generais deram o contra ao parlamentarismo, o que representou um balde de gelo no projeto. O Tribunal Superior Eleitoral enterrou a candidatura de Lott, mas vacilou quanto a Sebastião Pais de Almeida. Carlos, sonhando com competidores débeis, defendia Lott e Zarur. Magalhães então amansou e procurou reaproximar-se de Castello por meio de Arinos. Em 26 de agosto, O Globo noticiava os dois textos que dei a você e que o presidente levara consigo para ler em viagem ao Rio Grande do Sul. Parece que Golbery gostara do texto mais conciso, segundo você me disse. O Dr. Pilla aborreceu-se: "ou integral ou nenhum parlamentarismo". Escreveu, nesse sentido, carta ao presidente. Mostrou-ma. Nessa ocasião, um amigo de Carlos, e de confiança dele, veio conversar comigo, discutindo as virtudes do Carlos para *Premier* parlamentarista...

Golbery almoçou comigo num dos três primeiros dias de setembro de 1965, e, conquanto reafirmasse a resistência militar ao parlamentarismo, achou que era necessária uma obra de esclarecimento, para conquista dos oficiais. Reiterou que, desta vez, os militares não tolerariam qualquer forma de restauração do passado.

Encontrei Castello Branco num jantar do Nilo no dia 1 de setembro de 1965, ouvindo dele que me mandara procurar, sem me achar (estive no Rio) para discutir os meus dois textos em substituição à Emenda Pilla (os que lhe entreguei). Enterrados pelo Superior Tribunal Eleitoral Lott e Tião. Você me disse que ele queria prosseguir nas reformas, atacadas por Carlos. Noticiou-se que Juraci viria para coordenar as reformas e as eleições. Juraci chegou a 10 de setembro de 1965. Lomanto, nessa época, rompeu com o PTB na Bahia. Cerca de um ou dois meses antes, já se falava em Costa Silva para sucessor, dizendo-se que o PSD o apoiaria ou o lançaria como candidato próprio.

Conversei longamente com Juraci e pareceu-me que não estava entusiástico com o Ministério da Justiça, pois pensava em sugerir o nome de um amigo.

Carlos falando em "virar a mesa" comprava programas e mais programas de TV, etc. Murmúrio de que um golpe, *sem Castello Branco,* seria desfechado até 2 de outubro.

Dizia-se, à boca pequena, que Carlos estaria em ação com o coronel Borges e com assistência técnica de Georges Bidault, que traria sua experiência da Organização do Exército Secreto contra De Gaulle.

No último dia de setembro, Carlos espalhou o boato de que sofrera um enfarte, suscitando diferentes interpretações. Nesse dia, o presidente, pela TV e rádio, bradou: "Posse a quem ganhar, mas corruptos e subversivos não voltarão ao poder, nem farão uma Cuba aqui".

Castello Branco: testemunhos de uma época   21

No dia 4 de outubro, imediato às eleições, noticiou-se a derrota da Revolução em quase todos os Estados. Você foi lá em casa de manhã e disse-me que preparara o espírito de Geisel e Golbery, que iam almoçar com Castello. Voltou à baila o meu texto resumido. Falou-se sobre reeleição de Castello Branco. Chegou Juscelino Kubitschek ao Rio. Carlos, internado no ambulatório de Bangu, foi pessoalmente o autor do artigo na *Tribuna* responsabilizando o presidente pelas derrotas. À noite desse dia, você me avisou de que os militares estavam excitadíssimos e indóceis, querendo "qualquer solução" e que Bilac declarara que, chegada a ebulição àquele ponto, o remédio era reabrir-se o processo revolucionário. O *Jornal do Brasil*, a cinco, noticiava que as luzes dos ministérios militares permaneceram acesas até amanhecer o dia.

F.B., oficial íntimo meu, telefonou-me dizendo que já estava sendo redigido o AI-2 e que, ao amanhecer, o presidente da República se resignara a assiná-lo. Era evitar a guerra civil iminente – concluiu. Você me telefonou para a casa do Adauto a cinco ou seis, pedindo um certo texto da emenda. Alcino Salazar queria falar-lhe, antes de você avistar-se com o presidente, porque tinha comunicações sobre os militares. Pânico em bancos, gente estocando alimentos.

Novo telefonema informativo de F.B., às dezesseis horas. Ao anoitecer, a *Voz do Brasil* anunciou laconicamente uma conferência do presidente com o ministro, para medidas graves em benefício da segurança. Depois... você e Bilac teriam ido consultar Carlos Medeiros. O auro trouxe Krieger e outros. Comentários de conspiração de Carlos ou Heck, etc.

A 7 de outubro, dia bonito, azul, Costa e Silva discursou na Vila Militar que "os velhos soldados eram tão revolucionários quanto os moços". E por aí foi: o problema era "conter os que são por demais revolucionários". Ver *Correio da Manhã* de seis, sete e oito, sobre Heck, Dario Magalhães, Afonso Albuquerque, coronéis Pitaluga, Chaves e Caracas, etc.

No dia sete, Antônio Carlos me chamou, em seu nome, à casa de Adauto, onde estavam Milton, Aleixo, Krieger, você e Bilac e o próprio Antônio Carlos. Milton exigira que se tornasse pública a exoneração pedida desde 2 de setembro de 1965. Ele não queria referendar o futuro AI-2 e não magoar você com o sigilo guardado a esse respeito. Às vinte e duas horas Carlos divulgou na TV Tupi carta a Sátiro, retirando sua candidatura à presidência da República.

Nessa noite ou na de 8 de outubro, exausto, atendi a Lacombe, da Tupi, e ele me mostrou a entrevista de Carlos: "Castello Branco traiu a Revolução"; "quem trai uma vez trai sempre", "General incompetente" "seu governo é uma porcaria" etc. "Só há um líder em pé: JK" – Todos os jornais a publicaram. Carlos alegou a história da delegação à ONU em troca do adiamento da Convenção da UDN, etc. Ora, Bilac, me havia contado anteriormente que ele pedira isso e afastara-se porque o presidente ficou morno.

O coronel Jubê confirmou-me, em almoço, que os militares estavam exasperados com Castello Branco e que a lealdade de Costa Silva salvou Castello na primeira semana de outubro de 1965 (conversa no dia 12). Nesse dia doze, quando embarcava para o Rio, o alto-falante me chamou: – o capitão Mendes de Morais me transmitia recado de Castello para falar-lhe às 21 horas no Alvorada. Expliquei que não podia deixar de viajar naquela hora.

Juraci chegou a 17 de outubro e tomou posse. A vinte e um, visitei Aleixo quando tomava o café da manhã e pedi informações seguras, no mar de boatos, para transmiti-las ao dr. Pilla, que me pedira como líder do bloco UDN-PL. Ele puxou umas folhas de termofax, onde estavam datilografadas, com a nota de "secreto" os projetos para o AI-2. Recebera-as, disse-me, do Cordeiro de Farias, que atribuía a procedência a Vicente Rao. Mas que não dissesse a Pilla os exatos termos, nem a autoria. Apenas o resumo.

Na casa de Adauto, Castello, que lhe havia telefonado, chamou-me e disse que já me procurara e queria conversar comigo naquele dia. Discutimos as reformas projetadas sem que me dissesse o que iria fazer. Defendi a tese de lagartixa que abandona a cauda ao inimigo quando ameaçada, referindo-me ao Ministério, que deveria ser predominantemente político. Tentei perguntas, mas senti que ele esquivava, parecendo-me que se acanhava de não poder impor a disciplina militar. Mas, depois, disse que sentia agonia com a idéia de o derrubarem para pôr o general X, que seria derrubado pelo general Y, mais tarde abatido pelo general Z. Eu acrescentei: "Ou pelo sargento Batista". Perguntou-me à queima-roupa: "– E se o Congresso não votar os projetos que lhe enviei?" Respondi francamente que não subestimava as conseqüências. Pessoalmente os achava constitucionais e lhes daria meu voto. Não o faria a respeito de "poderes plenos", aliás não pedidos, embora não temesse dele o abuso dessa delegação. Se tais poderes eram indispensáveis, além do estado de sítio, um chefe de Estado deveria tomar a responsabilidade histórica de assumi-los, a seu risco, sem pedir ao Parlamento que não lhes podia dar. Teria de optar pelo crime se malsucedido, ou ser julgado perante a História se bem-sucedido, no passo temerário. Concordou sem vacilar, dizendo que não fugiria a qualquer responsabilidade. Entendi que ele iria até o AI-2. Inquiriu-me sobre a eleição indireta, que aceitei tranqüilamente mas pelas Câmaras recém-eleitas. Mas concedi que a eleição pelo novo Congresso se converteria em direta, isto é, os candidatos passariam a condicionar as eleições dos congressistas. Talvez no meio da legislatura, o que afastaria as pressões nas eleições populares. Disse-me que o sucessor dele deveria sair de uma das três faixas: a) *militares da ativa*, não se podendo deixar de considerar desde logo Costa Silva e Mamede; b) *civis*, lembrando

Castello Branco: testemunhos de uma época   23

logo o Bilac e depois o Krieger, com rasgados elogios ao primeiro, embora este se assombrasse muito nas crises e admitisse que Krieger, sem os títulos vários de Bilac, talvez tivesse mais capacidade de liderança; c) *os anfíbios* (expressão dele), isto é, meio-civis e meio-militares, como Juraci, Cordeiro e Ney Braga. Louvou a discrição impecável de Bilac que, ao contrário de outros, nunca deixa transpirar o que se conversa com ele. Admitiu que se pudessem introduzir ingredientes parlamentaristas nas reformas, como, por exemplo, a lei ordinária definiria as atribuições do presidente dos ministros. Referia-se aos meus dois textos de emergência para gradual adoção do parlamentarismo. A conversa se orientou para De Gaulle e as próximas eleições francesas, assim como o regime de 1958. Referindo-me aos poderes de De Gaulle, ele citou logo, pelo número e com quase as palavras do texto o artigo 16 da Constituição Francesa de 1958 (o artigo que dá plenos poderes nos casos de emergência). A conversa durou duas horas, porque ele me deteve depois do almoço, e foi cordial e cortês, mesmo quando divergi ou adotei uma posição crítica aos atos do Governo. Disse-me que nas votações pelas quais se bateu vivamente, nunca um congressista lhe fez pedidos, condições ou imposições. Quanto aos candidatos à sucessão, disse que não devia haver recusa à *outrance* de qualquer, nem deles exigir a perfeição. Foi severo para com Carlos e Magalhães Pinto, sem usar porém de palavras fortes. Comentou os prazeres e traumatismos da Presidência. Pareceu-me que, apesar de resolvido, como acima escrevi, sofria do conflito entre a lealdade às Forças Armadas e ao Congresso (conversa de 15 de outubro de 1965, salvo erro). Quando lhe disse que talvez, na velhice extrema, eu escrevesse sobre os fatos e homens de minha observação, ele perguntou: "Quer assustar a todos nós?"

Ribeiro da Costa declarou que era tempo de militares voltarem aos quartéis sem se arvorarem em donos do regime. Costa e Silva respondeu, parece-me, que só o povo traça rumo aos militares, e leu uma carta leviana do Ribeiro sobre o AI-1.

O coronel Rui Castro esteve lá em casa até duas horas da madrugada, fumando uns vinte cigarros. Muito nervoso, disse que Castello poderia servir bem a qualquer Estado-Maior do mundo, por ser competente, mas que em política era irrecuperável. Nessa noite, convenci-me de que ele tinha contactos e laços com Carlos. Juraci requisitou horário às TVs e rádios a 24 de outubro e, por eles, fez apelo ao Congresso para votar os projetos de Castello, ajuntando que o processo revolucionário continuaria, pois sabia os caminhos (mais ou menos isso). O Governo era e continuaria a ser democrático, ainda que viesse a ter necessidade de tomar "medidas aparentemente antidemocráticas". Apelou também para o Supremo Tribunal Federal a fim de que pusesse termo a incidentes com as Forças Armadas.

As entrelinhas eram por demais claras e preparavam o espírito público para o que viria.

Na última semana, faziam-se prognósticos sobre as votações. Dizia-se que Gama e Silva estava no Alvorada e que Nehemias Gueiros era o artesão do AI-2. A votação foi à noite e Aleixo retirou vários udenistas, ficando vazio o Plenário. Saí com Adauto para dormir um pouco e voltar, encontrando à porta Krieger, que trouxe detalhes do novo AI-2. Encontrei-me com você na Esplanada dos Ministérios e soube que se estava caprichando, àquela hora, nos remates finais do AI-2. Voltei às duas horas da madrugada e o plenário vazio. Saí às quatro, convocada sessão para as quatorze horas. Às 9 horas, no dia imediato você me telefonou, avisando que o AI-2 seria assinado às onze horas e que o ouvisse pelo rádio. E houve o resto à hora marcada. Paradoxalmente, encontrei a Câmara calma à tarde, como se nada de grave e dramático houvesse ocorrido.

No dia vinte e nove, Juraci, Adauto e você me comunicaram as escolhas para o Supremo Tribunal Federal. Você me transmitiu o chamado ao Laranjeiras para o sábado, trinta. Lá chegando, Castello Branco tomou-me pelo braço e levou-me ao andar superior. Comentou a situação, carregou as tintas no Magalhães Pinto, que, com "dr. Jânio", seria o maior inimigo do Congresso. Referiu-se a um papel, que escrevi para ele com o título de "Diagnóstico" e disse-me que concordava com ele em grande parte. O bom mesmo seria um "hiperministro" (sic), que aliviasse o cargo do presidente e servisse de bode expiatório. Mas tal ministro não devia ser necessariamente um parlamentar: – exemplificou com o Juraci naquele momento. Elogiou Milton, mas não era o homem para as circunstâncias dramáticas que estávamos vivendo. Fez pausa e formulou o convite para o Supremo Tribunal Federal. Disse-me que não considerasse isso como retribuições de conselhos e ajuda recebida por ele, mas como serviço pedido à remodelação do Supremo sem a estreiteza de vistas da "velharia" (sic). Aludiu aos desbordamentos de Ribeiro Costa, demora de julgamento por mais de dez anos, etc., etc. Estava bem informado sobre muitos pontos e mal em alguns poucos. Fez perguntas sobre Adalício, indagando desde quando o conhecia, etc. Disse que era o único a respeito do qual não tinha impressão pessoal e direta.

Disse-lhe que era necessário restringir a competência do Supremo Tribunal Federal, como nos Estados Unidos. Voltamos a falar do De Gaulle e pareceu-me que, intimamente, estabelecia um paralelo. Conversamos sobre dificuldades de militares, inclusive na aquisição da casa própria. Saiu o nome de Calmon, cujo prenome ele não acertou. Você entrou e ele perguntou qual era. Você respondeu: João Augusto. Ele me lembrou que o *Chief of Justice* dos Estados Unidos é nomeado pelo presidente da República e comentou-se o *Packing the Court* de Roosevelt, em 1937. Ele conhecia o episódio.

Castello Branco: testemunhos de uma época

Incidente de Boaventura Cavalcanti em carta irônica a Castello em nome da linha dura. Foi preso. Não houve reação.

Crise com Ademar de Barros na última semana de dezembro de 1965 por causa da carta entregue a Cordeiro.

Em fins de novembro de 1965, ele me pediu que pronunciasse o discurso aos mortos na intentona comunista de 1935. No cemitério, conversou ligeiramente. Nesse dia foi preso um meio maluco com uma arma, que, segundo papel no bolso, serviria para atirar em Humberto Castello Branco (29 ou 30 de novembro de 1965). Chegou a sacar o revólver.

No fim de fevereiro de 1966, Castello Branco discursou no 12 – R.J., analisando os contactos de políticos com militares e grupos politizantes nos quartéis. É bom ler isso.

Meados de maio de 1966 – exoneração dos generais Justino e Kruel nos comandos respectivos. Eram tidos como candidatos à sucessão local.

* * *

Depois de entrar para o Supremo Tribunal Federal, só encontrei com Castello Branco em reuniões sociais ou no cinema do Alvorada. Ele gostava de cinema e adorou o "Dr. Jivago". Conversou comigo sobre a Revolução Russa de 1917.

Na primeira semana de agosto de 1966, encontrei-me com ele nun jantar em casa de Asdrubal Ulisséia, onde estavam vários outros do nosso grupo. Castello contou-nos que só viu Jânio duas vezes e que ele lhe disse que não poderia governar sem ditadura. O presidente ponderou que se era esse seu intento, desistisse, porque não o realizaria com Denys, Heck e Moss, inadequados a qualquer gesto decisivo. Novos insultos de Carlos no meado de agosto: "Presidente medíocre, vaidoso e ignorante". Em 20 de setembro de 1966, num jantar do Navarro no Ipê, Castello estava muito bem-humorado, gozando os ataques que escreviam contra ele, embora magoado com Dr. Pilla e Paulo Brossard. No fim do jantar, o bom humor e a prosa (Maurois, Pétain, Paul Reynauld, etc.) diminuíram porque Geisel recebeu telefonema sobre provocações de estudantes em Goiânia, após as depredações do dia na Biblioteca Thomas Jefferson.

Em 12 de outubro de 1966, cassações dos deputados Doutel, Prieto, Tião, Abraão Moura, Chamas e H. Jaick. Adauto ficou arrasado, porque visitara Castello e este nada lhe comunicara, segundo se queixou a mim. Os cassados insistiam em usar da palavra na Câmara, Adauto atendeu-os. A 19 de novembro, Adauto estava no meu apartamento, quando Oscar Correia chegou e disse que viu camionetas circulando em torno da Câmara suspeitamente, com gente do DOPS. Adauto telefonou para Luciano Alves de Souza, a fim de que avisasse os cassados para que não saíssem. Aí Navarro Brito me chamou ao telefone, apalpando-me sobre o

26 Aliomar Baleeiro

caso. Conversamos e, às onze horas, Castello Branco telefonou dizendo-me que a crise tinha um aspecto *formal.* Cassado era cassado e não mais deputado; e também *pessoal,* não queria magoar "o dr. Adauto", a quem prezava, embora tivesse ficado chocado por ter ele suportado que Doutel afirmasse na Câmara que ele, Castello Branco, era *"mentiroso"* e *"sem palavra".* – Sabia que poderia levar Adauto à renúncia, mas a alternativa seria a renúncia dele, a do presidente da República.

Pediu-me que interviesse, transmitindo tudo a Adauto e o pacificasse. Trouxe Adauto para almoçar e conversei longamente, ficando ele de cumprir o AI-2 e o decreto de cassação.

O problema era saber se os deputados seriam presos.

Nessa noite, foi fechada a Câmara, como você se lembra, porque o Adauto considerou que, dentro dela, "deputados eram deputados e não cassados". Em junho, Ademar de Queiroz no Ministério da Guerra. Em julho, Carlos Medeiros na Justiça.

* * *

Quarenta e sete cassações no plano estadual em julho de 1966. Rompimento entre os gaúchos (Krieger, Brossard, etc.). Na primeira ou segunda semana de julho de 1966, Carlos Castelo Branco escreveu no *Jornal do Brasil* excelente paralelo entre Castello Branco e Costa e Silva. Este, na última semana de julho de 1966, foi alvejado pela bomba no aeroporto de Recife, morrendo um guarda e o almirante Nelson Gomes Fernandes. Entrevista de Carlos na *Visão* com "apelo às armas!"

Na primeira semana de 1967, Castello Branco me telefonou, pedindo opinião sobre cerceamento da competência do Supremo para diminuir-lhe o congestionamento. Ficamos de jantar para um papo e eu lhe enviei dois livros.

No dia 15 de março de 1967, cumprimentei-o à chegada no Santos Dumont. Debaixo da chuva miúda, estava lá o velho Eugênio Gudin. No dia 16, telefonei bem cedo, perguntando se já acordara, e foi ele quem atendeu, dizendo que fosse logo. Encontrei-o só com a neta Cristina no apartamento, rua Nascimento Silva 578, 2º andar e conversamos por mais de duas ou três horas, porque ele me reteve. Levei-lhe a *Histoire des Presidents de la Republique Française*, de Danzette. Mostrou-se otimista, porque esperava que Costa e Silva compreendesse que não se governa sem a política e, no caso, a Arena. Não poderia governar pelas consultas ao general Jaime Portela, de cuja influência se mostrou apreensivo.

Dois homens, – disse – foram responsáveis pela eleição de Costa e Silva: – Juraci e Krieger. Foram decisivos. Ele, Castello disse a Krieger que coordenasse os civis, incluindo-se também no rol. Mas Krieger tirou o corpo, dizendo que não desejava ser candidato nem via outra solução senão a de um militar em tais circunstâncias. Seria o prudente. Respondeu

Castello Branco: testemunhos de uma época 27

Castello que não se impressionasse com a questão militar, porque se havia realmente um grupo das Forças Armadas pró-Costa, o grosso delas não era. Haveria tensão passageira mas sentia-se com autoridade para dissipá-la, e fazer prevalecer o pensamento dos líderes civis. Mas Krieger manteve-se obstinado, apoiado por Juraci, cuja entrevista tornou irremediável a situação, embora estivesse no rol dos candidatáveis. Perguntei, se não fosse indiscreto, qual o candidato que ele preferiria.

"Um civil dentro de um grupo restrito". Em primeiro lugar, Bilac, mas também Krieger e outros que mencionou, inclusive Juraci ("anfíbio"). "O pior político brasileiro não era Carlos, mas Magalhães Pinto". Conversamos sobre políticos franceses, comparando os do tempo da permanência dele em Paris com os posteriores à Segunda Guerra. Elogiou muito Bilac, notável no conselho mas emocionado no primeiro momento das crises. Às vezes, Bilac pedia adiamento, depois de exposto o caso, mas no dia imediato vinha claro, seguro e sempre desinteressado. Krieger era também bom conselheiro, cujo defeito era ir bem ao 6º andar, mas hesitar em subir ao 12º. Talvez viesse a escrever sobre suas observações e para isso conservava um arquivo. Admitiu que Costa e Silva teria o desejo de deixar boa imagem na História, o que seria bom nas circunstâncias do momento. Insistiu em descer o elevador e levar-me até meu carro.

Convidei-o para jantar no dia 19 (daí a dois dias) avisando-o de que viriam os Kelly, você e Jujú, e uma senhora.

Você assistiu a esse jantar numa noite chuvosa, em Santa Clara. Demorou-se até onze e meia e estava bem-humorado.

Recordamos o início de nossas relações e disse-me que nos meados de março de 1964 não lhe parecera tão próximo o desfecho da Revolução, tendo ele e Queiroz me achado "sonhador utópico" na "exaltação de paisano". Narrou, nessa noite, que Costa e Silva o procurara, certa vez, dizendo: "– Para você ver, como sou leal e franco como você, refiro o que se passou ontem: Magalhães Pinto me propôs derrubá-lo, assumindo eu a presidência".

Foi essa noite a última vez que conversei com ele, porque viajou para a Europa (19.3.67).

2. FRANCISCO NEGRÃO DE LIMA

Deputado Federal por Minas Gerais (1933–1934), embaixador do Brasil na Venezuela, Paraguai e Bélgica, secretário de Administração do DF, ministro da Justiça (1951), prefeito do DF (1956), ministro das Relações Exteriores (1958), embaixador do Brasil em Portugal (1959–1963), governador do Estado da Guanabara (1965–1971).

Se não me falha a memória, foi em dezembro de 1919, há portanto 50 anos, que conheci em Belo Horizonte o cadete Humberto de Alencar Castéllo Branco. Fora passar, em Minas, as férias do primeiro ano da Escola Militar de Realengo, em visita a seu cunhado, major do Exército, que ali residia, e que estava classificado no 12º Regimento de Infantaria. Hospedou-se o cadete em casa vizinha daquela em que morava minha família, no bairro da Floresta. Cursava eu, então, o 5º ano do Ginásio Mineiro.

Belo Horizonte era uma cidade de cerca de 30 mil habitantes, em que a vida se escoava em meio aos hábitos simples da convivência provinciana, e onde os moços distribuíam seu tempo entre o estudo e os raros encontros sociais, quase sempre limitados aos bairros em que viviam.

E foi assim que nos conhecemos, nascendo entre os dois uma amizade jamais esmaecida no decurso do tempo.

Ninguém pode prever as voltas que o mundo dá. Mas no cadete que conheci há tantos anos passados, pude verificar que já haviam madrugado os dons que respaldaram depois sua brilhante carreira nas armas e que mais tarde o consagraram como chefe da Nação.

Era lúcido, amável, correto, bem-educado. Dono de uma inteligência ampla e sutil, sabia discriminar o joio do trigo, ao analisar os acontecimentos e as ações humanas, e uma ponta de ironia emprestava leveza e graça a seus comentários.

Levado por pendores intelectuais, sentia-se muito atraído pela cultura clássica dos grandes mestres do nosso idioma. Quando, já diplomado pela Escola Militar, foi viver em Belo Horizonte, leu, tirados de minha pequena estante de livros, quase todos os volumes dos Sermões do Padre Antônio Vieira e os da Nova Floresta do Padre Manoel Bernardes. Era dos poucos brasileiros que conheço com o hábito salutar de devolver os livros que tomava emprestados.

30 Francisco Negrão de Lima

Na vibrante campanha eleitoral pela sucessão presidencial da República em que se defrontaram os candidatos Epitácio e Ruy (1920), fomos várias vezes juntos à Estação da Central do Brasil esperar de noite a chegada dos jornais do Rio para receber em primeira mão as notícias e os discursos que tornaram essa campanha memorável. Guardou de memória algumas das páginas do grande Ruy e sabia de cor os principais trechos da formosa oração por este pronunciada quando visitou o sertão baiano. "O sertão não conhece o mar, dizia o general brasileiro no seu discurso de Alagoinhas, o mar não conhece o sertão. Mas possuem ambos a mesma grandeza, o mesmo mistério, a mesma indistintabilidade".

Ao embalo desses devaneios e no exercício das idéias que nossa convivência de moços inspirava, foi-se estreitando nossa estima; a confiança nos unia e, como é natural entre rapazes amigos, assisti ao desabrochar do único e belo romance de sua existência.

Na cerimônia do seu casamento, realizada poucos meses depois de haver terminado o curso da Escola Militar, coube-me, em nome de seus amigos, expressar-lhe os votos de felicidade, que sem dúvida mereceu, ao lado de D. Argentina Viana, de tradicional família mineira, a quem o tenente conhecia desde sua primeira viagem a Belo Horizonte.

A esposa faleceu em Recife, quando ali comandava o 4º Exército. A comovente fidelidade com que cultuou a sua memória, logo que enviuvou e já na Presidência da República, só encontra a meu ver, um símile no soneto admirável de Machado de Assis a Carolina, pois as flores que freqüentemente levava ele ao túmulo de D. Argentina eram também restos arrancados da terra que "os viu passar unidos e mortos os deixou separados."

Continuando a rememorar as minhas lembranças, o tenente da década de 20 seguiu a sua profissão militar. Trilhamos, pois, caminhos diversos, até nos encontrarmos na vida pública já em idade provecta, ele na chefia da Nação e eu governador da Guanabara.

Nossas relações, cimentadas na juventude, não se alteraram. Um acompanhava a vida do outro.

Assisti, de sua casa, à rua Nascimento Silva, a sua eleição pelo Congresso em 1964, transmitida pelo rádio. Mas, bem antes de ser o meu nome lançado para o governo da Guanabara, e até que, empossado, cumpri o dever protocolar de visitá-lo no Palácio Laranjeiras, não o vi nem o visitei uma só vez.

Bem sabia eu que, na Presidência da República, se achava um homem com o porte de estadista, digno e isento de paixões. Procurei, assim, com o meu comportamento discreto em relação a ele, resguardá-lo de quaisquer interpretações malévolas, que procurassem vislumbrar, longínqua que fosse, qualquer preferência de sua parte no renhido pleito em que estava envolvido. Um natural respeito devido à sua pessoa impunha-me esse recato.

Castello Branco: testemunhos de uma época

Tomei posse, como é público e notório, sob um inquérito policial militar, cujo encarregado visava afastar-me do cargo para o qual fora eu eleito pela maioria absoluta do povo da Guanabara. Não conseguiu esse intuito, pois em dois julgamentos memoráveis os egrégios juízes, em votação unânime, me absolveram.

Durante esse triste episódio, o presidente Castello Branco manteve a sua linha impecável, não interferindo, nem direta, nem indiretamente no âmbito da justiça.

Eu, de minha parte, procedi com a mesma correção, aguardando serenamente a decisão do Tribunal.

E tudo terminado, o presidente e o governador puderam honradamente encontrar-se, ambos com a consciência tranqüila, e tratar, cada um em sua esfera de ação, dos interesses públicos que lhes foram confiados. Nenhum constrangimento se produzira em condições de alterar a velha estima nascida no verdor da juventude.

3. HERBERT LEVY

Deputado Federal pelo Estado de São Paulo desde 1946, secretário de Agricultura do Estado de São Paulo, 1º vice-presidente da Câmara dos Deputados (1975–1976), 1º vice-líder da Arena (1977–1978).

O presidente Castello Branco era homem de surpreendente sensibilidade política, sobretudo se considerarmos sua formação militar.

De inclinações, por isso mesmo, liberais, em contraste com o ambiente de autoridade e hierarquia em que sempre viveu. Mas era a personalidade profundamente humana, mesclada de modéstia e até de humildade, que mais atraía.

Foi de muitos, como foi minha, a experiência de receber em casa um telefonema e virem nos dizer pura e simplesmente que era o presidente chamando. E, chegando ao telefone, verificar que o próprio presidente Castello, em pessoa, aguardava pacientemente na linha para ser atendido...

Várias vezes tivemos conversas a dois, em almoços, no Palácio da Alvorada. Elas giravam sempre em torno de problemas nacionais, econômicos, administrativos ou políticos.

A atenção e consideração do presidente eram cativantes. Começava eu a formular, a certa altura, restrições à política econômico-financeira do seu governo, apontando-as, ao mesmo tempo que aplaudia quanto, a meu ver, estava certo.

O presidente Castello impressionava-se com as críticas, que reconhecia objetivas. Todavia, o propósito que me animava de corrigir erros de orientação que mais tarde iriam comprovar-se, não era alcançado, porquanto ele não desejava contrariar seus auxiliares diretos. Disse-lhe isto certa feita com toda a franqueza, acrescentando que, se ele desejasse formar um juízo sobre os assuntos em controvérsia, devia ouvir-me na presença dos ministros e julgar em face do debate que se travasse. Ou ainda, propus, devia determinar ao ministro do Planejamento, Roberto Campos, que aceitasse um debate público pela televisão para o qual ele e eu havíamos sido convidados, por oito entidades rurais, da Bahia ao Rio Grande do Sul, inclusive a Confederação Nacional da Agricultura.

O presidente hesitou. Ponderei-lhe, então, que o referido ministro concedia com freqüência entrevistas para jornais, rádios e TV, tratando de todos os assuntos com desenvoltura. Mas outro seria o interesse e

34 Herbert Levy

vantagem do debate, se ele se fizesse, não com jornalistas ou locutores, sem preparo específico nos assuntos econômicos e financeiros, mas com quem estivesse com eles familiarizados. Quanto ao presidente, colheria os reflexos da opinião qualificada após o debate público, para seu próprio julgamento e orientação. Acrescentei que esse debate poderia travar-se em termos elevados e objetivos e seria a única forma, ainda disponível, para um revolucionário como eu, poder dar colaboração efetiva ao governo que apoiava irrestritamente no plano político.

O presidente Castello Branco, após refletir alguns instantes, concordou. E naquele mesmo dia (estávamos almoçando juntos no Alvorada) disse-me, transmitiria ao ministro Campos a recomendação no sentido de que aceitasse o debate.

À tarde compareci a uma sessão da Ação Democrática Parlamentar fundada e dirigida pelo saudoso João Mendes, para um debate, – o primeiro, na Câmara – com o ministro Campos. Conforme combinara com João Mendes, fui o primeiro interpelante. Não cabe a mim mas aos componentes da antiga Ação informar sobre as impressões que o debate causou, mas posso dizer que elas não favoreceram o ministro. No fim da reunião Roberto Campos chamou-me para informar que o presidente lhe dera instruções para aceitar o debate comigo, com o que concordara e pediu-me para dizer aos líderes rurais que já o haviam procurado, que voltasse a fazê-lo, a fim de acertar dia e hora para efetivação do mesmo. Foi o que fiz. Mas, infelizmente, tal debate nunca se consumou, apesar de haverem lideranças rurais obtido autorização das estações de TV para que formassem uma cadeia nacional, sem limite de tempo e gratuitamente. Acontece que o ministro jamais aquiesceu em marcar o dia e a hora para o debate, embora insistentemente procurado pelos dirigentes rurais, voltando atrás na decisão que ele próprio me comunicara. Entendi não insistir, depois disso, pelo cumprimento do compromisso, junto ao presidente Castello, pois era conhecida sua admiração pelas qualidades intelectuais do ministro do Planejamento e fácil, portanto, a este, encontrar justificativas para a não realização de um debate, que teria entretanto, sido útil, sob qualquer ponto de vista.

Só muito mais tarde havia de se efetivar um debate, e em condições pouco adequadas, no plenário da Câmara dos Deputados, através de convocação que promovi. E amigos meus relataram que o presidente fora informado por amigos e até por familiares que o ministro não se saíra bem.

Na verdade, quebrando a tradição secular de boa acolhida aos ministros visitantes, a Câmara dos Deputados brindou o professor Roberto Campos com uma vaia generalizada, quando este procurou partir para a ironia ao tentar responder a críticas sérias e objetivas que formulei à sua política. Na verdade passou-se bastante tempo até poder

Castello Branco: testemunhos de uma época   35

retomar o ministro o fio da sua exposição, tal a perturbação que lhe causou a inesperada manifestação do plenário.

* * *

Certa vez marquei audiência com o presidente Castello Branco para levar à sua presença os presidentes de Comissões de Inquérito criadas para apurar responsabilidades por corrupção no Estado de São Paulo. Esses presidentes, quase todos militares, incluíam entre outros, o brigadeiro Brandini, major Loredano, coronel Valente e major Simões de Carvalho.

Nunca suspeitei que o encontro resultaria tão tempestuoso. O brigadeiro Brandini, em tom respeitoso mas firme, queixou-se, em nome de todos, pelo fato de que inquéritos remetidos havia alguns meses ao Governo, contendo comprovantes definitivos contra elementos corruptos que ocupavam cargos públicos, não produziam os seus efeitos, continuando os visados a exercerem funções de confiança. O presidente Castello procurou justificar a demora com voz firme e serena. Todavia, seus argumentos receberam contradita de vários dos participantes da audiência. Foi nessa altura que se revelou, para mim, um novo Castello Branco, pois o presidente, obviamente considerando que sua autoridade estava em cheque, explodiu numa fúria inesperada, recriminando seus interlocutores em altos brados, de forma a chamar a atenção e assustar assessores civis e militares que se encontravam no Palácio das Laranjeiras. Mas, a exaltação presidencial continuava a encontrar resistência respeitosa mas firme dos encarregados de inquérito, de tal forma que atingiu proporções inacreditáveis, totalmente imprevisíveis em pessoa conhecida pela lhanura do seu trato. Só a muito custo o presidente readquiriu a calma necessária para se chegar ao fim da audiência, afirmando sua disposição de examinar mais de perto o assunto.

Esse incidente define um ângulo do presidente Castello Branco que devo registrar com franqueza, já que a biografia deve refletir todos os aspectos do político e do estadista.

Quando a revolução decidiu manter o Congresso aberto, criava automaticamente uma dificuldade básica para o presidente: a de negociar com as forças que compunham a maioria e contra as quais se fizera, em última análise, a revolução.

Isso obrigou o presidente Castello a manobrar para ir cumprindo os objetivos do Governo. E o gosto pela política, do presidente, levou-o muitas vezes a transigências com elementos comprometidos para servir a seus objetivos políticos. Um fato que se pode considerar histórico, ilustra esse aspecto.

O governador de São Paulo, Ademar de Barros, cujo passado lhe dera ampla e notória reputação de improbidade, fora, entretanto, pela sua firmeza ao lado da revolução e contra o presidente João Goulart, um dos seus sustentáculos, contribuindo para impedir que a deposição deste desencadeasse uma guerra civil no País.

Se bem fosse um contra-senso sustentar a revolução um homem da notoriedade do então governador, à testa do principal Estado da Federação, falando ao presidente Castello em nome de líderes revolucionários de São Paulo pouco tempo depois de iniciado o seu governo, disse-lhe que não pretendíamos criar-lhe dificuldades pedindo a cabeça do governador. E que compreendíamos e admitíamos que os serviços por ele prestados à revolução como que resgatavam suas faltas passadas, desde que sua administração passasse a obedecer aos padrões indispensáveis após trinta e um de março.

Mas o governador logo demonstrou que não estava disposto a corrigir-se e os demandos recomeçaram num crescendo, sendo objeto de reiteradas denúncias, fartamente documentadas. Mas nada parecia abalar sua posição perante o presidente e os desmandos continuavam, com crescente constrangimento para todos os revolucionários de São Paulo.

Afinal tive um encontro com o presidente Castello, presente o então ministro da Indústria e Comércio, Paulo Egídio Martins, homem da corrente revolucionária ortodoxa paulista que ascendera ao cargo por pressão nossa, para neutralizar, ainda que parcialmente, a influência do governador.

Nessa reunião fiz-lhe sentir, com o apoio do ministro, que o que se passava em São Paulo, com a conduta impune do governador, e mais a presença, como comandante do 2º Exército, do general Amaury Kruel, amigo de Goulart e empurrado a contragosto para aderir à revolução, era uma dose insuportável para o povo paulista, o qual por sua totalidade apoiara o movimento de 31 de março com a convicção de que era o único meio de livrar o País da corrupção, do caos e da subversão.

O presidente Castello respondeu-me maliciosamente que, se fizesse intervenção em São Paulo para tirar o governador, entraria o vice.

E daí? perguntou-me ele.

Compreendi perfeitamente o que queria dizer. O vice tinha ligações com chefes militares que não agradavam ao presidente Castello e a última coisa que pretendia era tomar qualquer decisão que pudesse prestigiá-los. E isso por pontos de vista políticos pessoais seus.

Respondi-lhe que, em primeiro lugar, se decretasse intervenção em São Paulo, seria eu o primeiro a levantar-me contra, pois não aceitariam os paulistas essa humilhação.

Portanto, o procedimento a seguir seria publicar no *Diário Oficial* de um sábado, um decreto cassando os direitos políticos do governador, que na verdade dispensava justificativas, tais e tantas elas eram e patentes para a opinião pública do Estado e do País. Antecipei-lhe que na segunda-feira seguinte não haveria uma única carpideira no túmulo político do

Castello Branco: testemunhos de uma época 37

governador, pois este na verdade estaria caindo de podre. Quanto ao vice que iria assumir, descansasse o presidente. Por temperamento e mesmo por conveniência, seria incapaz de um gesto contrário à orientação do presidente.

O encontro fora em ocasião oportuna, pois o governador mostrava-se rebelde a qualquer esquema político para sua sucessão que não fosse o seu próprio e já se lançava à tarefa, virando a mesa, como se costumava dizer. Senti que as ponderações atingiram o alvo, sensibilizando o político por excelência e demonstrando que eram sobretudo as considerações políticas que prevaleciam.

Não muitos dias depois, num sábado, o *Diário Oficial* publicava um breve decreto de cassação dos direitos políticos do governador do Estado de São Paulo. E os revolucionários desse Estado, libertos de um incômodo constrangimento, sentiam-se reconciliados com a revolução e com o presidente Castello Branco.

4. LINCOLN GORDON

Embaixador dos Estados Unidos no Brasil (1961–1966), secretário de Estado adjunto para assuntos interamericanos (1966–1967).

Natureza e Extensão do nosso conhecimento

Até sua ascensão à Presidência do Brasil, em 15 de abril de 1964, nunca tinha conversado com Castello Branco. Tínhamos nos encontrado ligeiramente em numerosas recepções, quando ele era chefe do Estado-Maior do Exército, mas estes encontros foram puramente superficiais. A primeira vez que eu soube do seu papel crucial como chefe de um movimento para evitar que o presidente Goulart agisse além dos limites constitucionais – e se isso não pudesse ser feito, depor Goulart –, foi em 23 de março de 1964, oito dias antes da revolução de 31 de março – 1º de abril.

Tinha acabado de voltar de um período de dez dias de consulta em Washington. Essa visita não foi ocasionada pela crise crescente no Brasil. Por simples coincidência, o presidente Johnson tinha convocado uma reunião de todos os embaixadores americanos da América Latina para uma revisão geral de três dias das relações interamericanas, durante os dias 16 a 18 de março.

Na sexta-feira 13 de março, à noite, vi na televisão o discurso de Goulart num grande comício político no Rio de Janeiro, pouco antes de eu embarcar no Aeroporto do Galeão. Cheguei a Washington com sérias dúvidas de que a crise do regime pudesse ser evitada. Durante os dez dias li, estudei meticulosamente os relatórios de nossa embaixada e da imprensa, tomando nota especial do grande contra-comício em São Paulo, no dia 19 de março. Antes de partir de Washington em 22 de março, fui instruído no sentido de empreender uma revisão compreensiva e uma reavaliação da situação imediatamente após meu retorno ao Rio de Janeiro.

Numa reunião especial de alto nível dos membros da embaixada americana, segunda-feira de manhã, 23 de março, nosso Adido Militar, coronel Vernon R. Walters, mostrou-nos uma cópia do famoso memorando circular de Castello Branco ao corpo de oficiais do Exército. Contrário a muitas declarações publicadas, contudo, nem o coronel Walters nem eu estávamos familiarizados com o plano de uma possível

40 Lincoln Gordon

ação militar contra Goulart. Na verdade, apesar de no domingo, 29 de março, estar já bastante claro para todos nós que uma solução constitucional era de todo impossível, fomos tomados de surpresa com a notícia do movimento militar de Minas Gerais na manhã de terça-feira, 31 de março. Como eu mais tarde pude testemunhar ao Comitê de Relações Exteriores do Senado norte-americano, a revolução brasileira de 1964 foi um movimento 100 por cento brasileiro – não 99,44 por cento – mas 100 por cento.

A 15 de abril de 1964, compareci, em Brasília, à posse de Castello Branco na Presidência, na qualidade de membro do corpo diplomático; nessa ocasião ouvi seu discurso ao Congresso Nacional e fui recebido por ele com meus colegas embaixadores dos demais países estrangeiros. Nossa primeira conversa particular teve lugar em seu gabinete no Palácio do Planalto, sábado de manhã, 18 de abril. Essa conversa durou uns oitenta minutos, sem que ninguém mais estivesse presente.

Durante os dois anos seguintes, até minha saída da Embaixada em fevereiro de 1966, meu calendário acusa um total de 23 encontros de importância com o presidente Castello Branco. Este número exclui muitas ocasiões às quais estivemos ambos presentes: por exemplo, paradas no dia da Independência cada 7 de setembro; recepções do presidente a chefes de Estado em visita e recepções em retribuição dos mesmos; inaugurações de obras públicas onde alguma assistência financeira americana estava envolvida; palestras inaugurais na Universidade do Brasil e na Escola Superior de Guerra, e o lançamento no navio *Presidente Kennedy* no estaleiro Ishikiwajima no Rio.

Também encontrei Castello Branco em algumas ocasiões puramente sociais, tais como jantares formais oferecidos pelo ministro Roberto Campos e um almoço íntimo especialmente agradável no domingo, dia 12 de setembro de 1965, no Ipê, residência oficial, perto de Brasília, do chefe da Casa Civil da Presidência da República, Luiz Viana Filho. Castello Branco visitou a residência da embaixada americana apenas uma vez, no dia 15 de novembro de 1967, para assistir a uma exibição particular de um filme da Agência de Informação dos Estados Unidos sobre a vida e a morte do presidente John Kennedy. Embora todos estes encontros sociais fossem cordiais e bem-humorados, temperados com anedotas e conversa generalizada e agradável, nem Castello, nem eu, tentamos aproveitar tais oportunidades para qualquer tipo de discussão política.

Dos nossos 23 encontros substanciais – numa média de um por mês – em dez ninguém esteve presente além de nós dois. Nos 13 restantes, dez foram arranjados em homenagem a visitantes ilustres dos Estados Unidos. Incluíram o secretário de Estado Rusk (na época da reunião interamericana de ministros estrangeiros no Rio em novembro de 1965); o embaixador Averell Harriman (para discutir a crise na República

Castello Branco: testemunhos de uma época

Dominicana e a possível formação de uma Força de Paz Interamericana, em maio de 1965); um grupo chefiado pelo senador Fullbright, presidente do Comitê de Relações Exteriores do Senado; senadores Birch Bayh e Fred Harris; senador Robert Kennedy; David Bell e William Rogers, da Agência Americana para o Desenvolvimento Internacional; John J. McCloy; Johm Gunther; e um grupo da Câmara de Comércio Americana.

Em três de nossos encontros, ninguém esteve presente do lado americano; além de um ou dois ministros de gabinete brasileiros. Dois do quais foram dedicados à situação atual da República Dominicana em meados de 1965, quando o ministro do Exterior, Vasco Leitão da Cunha; participou também. O outro foi um jantar-reunião no Palácio da Alvorada em novembro de 1964, quando o presidente me convidou para, com ele, o ministro das Finanças Otávio Bulhões, e o ministro do Planejamento, Roberto Campos, discutir as negociações financeiras internacionais já em progresso com o Governo dos Estados Unidos e o Fundo Monetário Internacional.

Meus dez encontros particulares com Castello Branco cobriram uma grande variedade de tópicos. Não foram somente negociações sobre questões de interesse dos nossos dois governos. Castello Branco acreditava fortemente em fazer política através de uma equipe governamental organizada. Ele esperava que questões específicas fossem tratadas pelo ministro de gabinete responsável por aquela área. Assim tratei com o Ministério da Relações Exteriores dos assuntos interamericanos, da preparação para a reunião de ministros estrangeiros no Rio, e de tópicos ocasionais nas Nações Unidas; com o Ministério de Minas e Energia tratei das discussões da compra das propriedades da Companhia Elétrica Americana & Estrangeira e sobre o projeto Hanna do minério de ferro; projetos de auxílio foram discutidos com os ministros de Finanças, Planejamento, Transporte, Agricultura ou Educação. As conversações de nível presidencial tratavam mais das tendências gerais da política e a filosofia e métodos com os quais Castello Branco estava confrontando os desafios nacionais e internacionais do Brasil.

Era meu costume visitar Washington para consultas a cada dois ou três meses e algumas dessas visitas mc permitiram participar das revisões anuais da CIAP de programas econômicos do Brasil. Normalmente, procurava ter uma entrevista com Castello Branco pouco antes de partir do Brasil para tais consultas, a fim de ter uma opinião atualizada do "grande quadro" visto do Palácio do Planalto. Por sua vez o presidente geralmente recebia com agrado a oportunidade de uma troca pessoal de nossos pontos de vista logo após a minha volta a cada visita a Washington, procurando quaisquer critérios que pudesse ter trazido de volta tanto em questões globais como reações por parte do governo e povo americanos aos acontecimentos no Brasil.

Nossas conversas, portanto, incluíam assuntos tais como o posicionamento geral de Castello Branco em relação à administração da Presidência e à formulação e execução da orientação política; a luta contra a inflação e a instituição de várias reformas econômicas e sociais; os problemas especiais do Nordeste brasileiro; questões internacionais gerais (especialmente em relação ao conceito de De Gaulle de uma "terceira força"); relações interamericanas amplamente formuladas; o espinhoso problema da rivalidade entre a Marinha e a Aeronáutica no controle do porta-aviões; investimento estrangeiro e sua relação com a iniciativa brasileira; reforma constitucional; e a crise que levou ao Segundo Ato Institucional, de outubro de 1965.

Uma vez que comentários deturpados foram publicados sobre este último assunto, deve ser salientado que Castello Branco não procurou meu conselho em decisões específicas a esse respeito. Houve só uma exceção a esta afirmação: a questão dos métodos com respeito ao Fundo Monetário Internacional, em novembro de 1964, quando ele me pediu para que, junto com os ministros Bulhões e Campos, examinássemos as emissões com ele. Havia ocasiões em que ele não dava ouvidos nem à minha opinião, nem à opinião de outros americanos quanto a assuntos brasileiros; ele era, por exemplo, notadamente sensível e interessado quanto à reação estrangeira a algumas das "cassações" no início de seu governo, especialmente nos casos de Celso Furtado e Juscelino Kubitschek, e aos termos do Segundo Ato Institucional, em fins de 1965. Foi penoso para ele me explicar o motivo das mesmas, assim como propiciar o acesso às decisões que o governo dos Estados Unidos ou o público americano tinham interesse. Ocasionalmente especulava comigo sobre temas mais amplos, tais como a "terceira força", idéias de De Gaulle ou os métodos relativos dos regimes presidencial e parlamentar para as necessidades e circunstâncias brasileiras. Mas a alegação de que eu era uma espécie de "eminência parda" – ou talvez um Rasputin – a quem ele procurava para aconselhar-se antes de se decidir, não podia estar mais distante dos fatos.

Um bom exemplo foi o caso delicado e complexo do projeto de minério de ferro Hanna. Em meados de outubro de 1964, eu tinha programado uma visita de consulta a Washington, para tratar, principalmente, do programa de ajuda americana ao Brasil em 1965. Antes de partir, estava ansioso em ter uma compreensão em linhas amplas do pensamento do próprio Castello Branco, sobre o programa econômico para suplementar minhas discussões nesse período com os ministros Bulhões e Campos e outros membros da equipe brasileira da organização da política econômica. O presidente concordou com uma conversa em Brasília no dia 14 de outubro, logo depois da partida de De Gaulle para São Paulo.

Castello Branco: testemunhos de uma época

Nossa conversa começou com uma discussão de questões globais levantadas pela visita de De Gaulle, e fixou-se nas condições e nas probabilidades da batalha contra a inflação. Foi confirmada minha impressão de que os ministros Bulhões e Campos tinham o total e inequívoco apoio de Castello Branco. O presidente então apresentou o assunto do projeto Hanna, porque ele esperava receber John McCloy na semana seguinte (enquanto eu estivesse em Washington) e queria que eu soubesse a posição que ele tomaria em conversa com McCloy, que representava os interesses da Hanna. Castello Branco disse que as linhas básicas do programa tinham sido planejadas por ele, com a ajuda dos ministros das Minas e Energia, Transportes, Finanças e Planejamento; incluíam um limite máximo para os lucros dos títulos (ou valores) estrangeiros, anulação de qualquer monopólio do minério de ferro estrangeiro ou brasileiro por parte do Governo ou de iniciativa privada; a preservação da Companhia Vale do Rio Doce como uma importante propriedade nacional; a racionalização do uso das estradas de ferro; o estímulo para a participação futura de acionistas brasileiros ou de qualquer outra empresa de minério de capital estrangeiro na Hanna. Nestes assuntos ele não procurou meu conselho e nem sequer me convidou a comentá-los: estava simplesmente informando-me das decisões governamentais.

Sob seu aspecto mais pessoal, eu chamaria nossas relações de cordiais, até mesmo de afetuosas, mas em nenhum sentido íntimas. Éramos de gerações diferentes, e Castello Branco era marcado por uma reserva pessoal fora do comum. Tinha um bom senso de humor, com uma capacidade de ironia que eu apreciava e posso dizer partilhava. Mas não havia a ligação pessoal de verdadeiros amigos íntimos. O mais íntimo comentário de sua parte foi uma observação durante uma reunião de duas horas sobre as razões e implicações do Segundo Ato Institucional em 2 de novembro de 1965, – esta foi nossa discussão particular mais longa – de que o meu treino como americano e professor de economia política tinha me deixado talvez sensível demais a aberrações jurídicas, superpreocupado mais com a forma do que com a substância.

Em 14 de fevereiro de 1966, pouco antes de deixar o Brasil para assumir o cargo de secretário de Estado Assistente em Washington, Castello Branco convidou a senhora Gordon e a mim para um almoço íntimo de despedida no Palácio das Laranjeiras. Não houve discussão séria de política nessa ocasião, nem discursos, mas ambos sentimos que o Presidente lamentava sinceramente nossa partida iminente.

Durante meus quinze meses como secretário de Estado Assistente, vi Castello Branco apenas uma vez, visitando-o em Brasília em 15 de dezembro de 1966, para discutir a proposta de reunião de Presidentes do Hemisfério Ocidental. (Essa reunião foi finalmente realizada em Punta del Este em abril do ano seguinte, depois que Artur da Costa e Silva o

44 Lincoln Gordon

sucedeu na Presidência). O ministro das Relações Exteriores, Juraci Magalhães e o embaixador John W. Tuthill também estiveram presentes. Castello Branco apoiou fortemente a idéia da reunião presidencial e evidentemente esperava que ela se realizasse enquanto ele ainda estivesse no Governo e pudesse falar pelo Brasil. Contudo, falou com realismo sobre os possíveis obstáculos para o sucesso de uma reunião de cúpula e reconheceu a vantagem do Brasil ter sido representado por um presidente recentemente empossado em vez de um *"lame duck"* (parlamentar que não conseguiu ser reeleito).

Estilo de Castello Branco na Presidência

Algumas das lembranças mais vivas de Castello Branco que guardo dizem respeito ao seu estilo como chefe do Executivo. Possuía um forte sentido de dignidade pessoal e um alto respeito pelo cargo da Presidência o qual, pensava ele, tinha sido diminuído pelos seus três predecessores. Estava determinado a restaurar sua dignidade.

Em sua tentativa na organização da política governamental, seu estilo refletia os métodos e treinamento de um oficial de estado maior de primeira classe. Em nossa reunião de 18 de abril de 1964, ele já tinha verificado várias áreas críticas da política interna e estrangeira e descreveu como pretendia organizar uma equipe sistemática para solucionar esses problemas. Em nosso segundo encontro, sete semanas mais tarde, tinha em sua pasta um relatório de sua equipe sobre "áreas de atrito no exterior", com linhas de ação recomendadas, e fez uma lista dos cinco planos mais importantes para a reforma institucional interna, todos adaptados à meta tripla de contenção da inflação, fomentar o desenvolvimento, e efetuar a reforma. Acrescentou o problema da aviação embarcada, que tinha sido evitado por três presidentes anteriores, e deixou claro que ele o analisaria e o liquidaria. E provou que dizia a verdade.

Em outubro, demonstrou um notável controle sobre questões de política econômica que apenas seis meses antes parecia terreno incerto para ele. Tinha feito sem dúvida um grande trabalho pessoal, interno, e embora tivesse confiança em seus ministros da economia, queria saber claramente o que eles recomendavam, e a razão pela qual o faziam antes de lhes assegurar seu apoio. Em minha longa conversa com ele naquele mês, voltou a acentuar a importância do trabalho sistemático de equipe, consulta minuciosa com os ministros interessados, divisões definidas no programa político, e manutenção dos programas uma vez estabelecidos.

Em nossos primeiros encontros, perguntava-me às vezes se a equipe oficial cumpriria o programa, já que tinha algumas reservas à administração do presidente Eisenhower, com essa mesma tendência. Essas dúvidas foram dissipadas no jantar do Palácio da Alvorada em 14 de novembro de 1964, quando ele estava decidindo se suspendia ou não as

Castello Branco: testemunhos de uma época 45

negociações já em andamento com a equipe visitante do Fundo Monetário Internacional. (Como já mencionei, ele tinha me convidado para jantar com os ministros Bulhões e Campos para aconselhá-lo neste assunto.) Castello Branco mostrou as alternativas com suas próprias palavras, e então desenvolveu uma cadeia de razões lógicas de cada uma, pesando os possíveis ataques e contra-ataques em cada parte da cadeia como um magistral jogador de xadrez. Convidou-nos a fazer comentários sobre vários pontos, e recebeu com agrado informações concretas e apropriadas enquanto prosseguia. A decisão não foi uma das mais fáceis. Ele sustentou firmemente o mesmo padrão de argumentos durante várias horas de debate. Quando chegou às suas conclusões, sabia dos riscos envolvidos mas tinha também total domínio do raciocínio que o fez apoiar sua decisão. O contraste com Goulart, que também tinha discutido comigo questões políticas da maior importância de vez em quando, era como o da noite para o dia.

Seis meses mais tarde, quando o embaixador Harriman veio a Brasília para discutir a crise de São Domingos e a proposta para uma Força de Paz Interamericana, Castello de novo mostrou sua habilidade de raciocínio analítico. Ele considerou as questões políticas e de segurança mais amplas, os aspectos jurídicos e processuais, implicações internas, e os problemas de logística e de organização com excepcional lucidez que impressionou profundamente Harriman.

Alguns críticos de Castello Branco na imprensa brasileira costumavam acusá-lo de excessiva vaidade e indiferença – uma espécie de despotismo face à presidência. Eu não compartilho dessa impressão. Sua atitude era de humildade face à grave responsabilidade.

Em nossa segunda conversa em junho de 1964, falou-me com algum sentimento, sobre o fato de estar na presidência numa idade apropriada para aposentadoria; era um posto que ele nunca pretendeu e nunca esperou ocupar. Comparou sua situação com a de John Kennedy logo depois da sua posse no princípio de 1961. Kennedy tinha pretendido a presidência durante vários anos e tinha analisado as questões nacionais como candidato presidencial. Entre sua eleição e sua posse organizou dezenas de equipes para aconselhá-lo às várias áreas da política antes de começar a tomar decisões críticas. No caso de Castello, a idéia de tornar-se presidente nunca lhe ocorreu antes de 1º de abril (duas semanas antes do fato). Foi jogado numa situação de caos político, econômico e administrativo.

Que era reservado não pode haver dúvida; este era um elemento primordial de sua personalidade. Estava associada a sua dedicação às simples e irrepreensíveis virtudes de um soldado profissional: dever,

46　Lincoln Gordon

honra, coragem. Ele representava o paradoxo de um puritano do século XX na direção da maior nação católica do mundo.

Castello Branco e a Política Brasileira

O que eu disse acima relaciona-se principalmente a Castello Branco como administrador – como criador e executor da organização política nacional. Nas circunstâncias de 1964-67, contudo, as responsabilidades do presidente do Brasil foram necessariamente além da administração até a própria estrutura dentro da qual o programa político foi elaborado. Na mais distante perspectiva de história, Castello Branco será sem dúvida julgado tanto por suas contribuições ou deficiências nesta área quanto por suas qualidades como chefe do Executivo.

Este não é o lugar para uma avaliação da revolução brasileira de 1964 ou para especular sobre atos ou sobre omissões da parte de Castello Branco, e que poderiam ter conduzido a um tipo diferente de evolução da que realmente ocorreu. Contudo, uma vez que questões políticas e constitucionais extensas foram discutidas entre nós em várias ocasiões, eu posso estar apto a esclarecer seu pensamento sobre estes assuntos. Sempre foi bastante reservado em tais discussões, que não estavam, afinal de contas, estritamente dentro das minhas responsabilidades como embaixador de um governo amigo. É também concebível que ele tenha procurado deliberadamente me desviar de alguns pontos, mas inclino-me a descontar esta possibilidade baseado unicamente em que seu temperamento era o oposto da dissimulação. Quando preferia não revelar seu pensamento, creio que silenciava mas não enganava.

Do momento exato da deposição de Goulart, o governo americano esperava que a estrutura básica da democracia constitucional e a proteção das liberdades civis no Brasil pudessem ser preservadas, o que eu apoiei e compartilhei inteiramente. Essa posição estava implícita nos termos dos telegramas de congratulações do presidente Johnson, primeiro ao presidente interino Mazzili em 3 de abril de 1964, e depois ao presidente-eleito Castello Branco em 14 de abril. O último degrau de cooperação entre nossos dois países "trabalhando juntos dentro de uma estrutura democrática".

Descrevi publicamente em algum lugar meu próprio assombro com o Primeiro Ato Institucional de 9 de abril de 1964. Quando li seu preâmbulo, vi que era uma declaração de que a força revolucionária equivalia inerentemente à legitimidade jurídica – uma declaração contrária aos princípios da doutrina constitucional anglo-americana e aos princípios da Revolução Francesa que tinham moldado minha filosofia política.

Dominei meu primeiro impulso de me retirar para Washington como gesto de censura devido à perspectiva de que o Congresso elegeria

Castello Branco para a Presidência e aos indícios de que ele usaria seus poderes arbitrários com restrições e guiaria a nação de volta à legitimidade constitucional em poucos meses. Não se devia confundir legitimidade constitucional com uma volta da política de 1945-64, uma vez que era evidente a qualquer observador político sensível que a antiga estrutura política era obsoleta e os principais partidos políticos eram basicamente impróprios às condições e necessidades brasileiras segundo tinha evoluído nas duas décadas que seguiram a Segunda Grande Guerra.

Na época em que encontrei Castello Branco para nossa primeira conversa em 18 de abril, ele estava bem ao par dos relatórios de sua Embaixada em Washington de que havia uma séria preocupação da opinião pública americana com as primeiras cassações. Este foi notadamente o caso de Celso Furtado, que era muito conhecido nos meios universitários e tinha sido recebido pelo presidente Kennedy em 1961. Castello Branco falou de uma possível revisão do mecanismo desse e de outros casos e pareceu apreciar o desejo de uma espécie de procedimento quase judicial. Ele cuidadosamente evitou fazer qualquer tipo de comentário, já que estava no cargo há apenas três dias; no caso, nenhuma revisão ou procedimento foi instituído.

Quando novamente nos encontramos em junho, a decisão contra Juscelino Kubitschek tinha acabado de ser tomada. Tinha sido evidentemente uma decisão muito difícil. Castello descreveu-a ao mesmo tempo como necessidade política e como um ato plenamente justificado pelos antecedentes, mas disse que "incomodaria à nação" publicar aqueles antecedentes na íntegra.

O presidente parecia estar antecipando com avidez e alívio o fim de seu poder arbitrário e o restabelecimento das normas constitucionais. Ele a princípio confiava pouco – depois veio a fazê-lo mais – em que os políticos brasileiros não se militarizassem excessivamente. Na questão de prolongar seu mandato por um ano – tópico então muito discutido na imprensa – mostrou-se muito reservado. Interpretei sua atitude como um equilíbrio interior e uma incerteza entre os argumentos em conflito: (1) defender um período mais longo de estabilidade política para completar a limpeza-da-casa pós-revolução e assegurar os programas de antiinflação, desenvolvimento, e reformas políticas, e (2) ser contra qualquer coisa que parecesse semelhante a Vargas tentando prolongar o cargo para si próprio. Parecia ter uma repugnância quase visceral pelo *continuísmo* – repugnância que foi dominada em 1964 mas afirmada em 1965.

Aí seguiu-se um intervalo longo de tranqüilidade relativa até às eleições para o Senado, em outubro de 1965. Esse período de dezesseis meses não foi de modo algum inteiramente livre de tensão política, gerada em parte pela perspectiva de eleições populares para onze governadores de Estado. A imprensa também comentava a tensão entre os militares da "linha dura" e os "moderados". Contudo durante a maior parte desse

48   Lincoln Gordon

período, Castello Branco pareceu focalizar principalmente seu papel de presidente. O recesso industrial que acompanhou as medidas antiinflacionárias estava colocando essa parte do programa sob pressão especialmente for;e. Não há dúvida de que o governo brasileiro, como muitos da Europa, dos Estados Unidos, e de outros países da América Latina, tinham subestimado o tempo exigido e os baques sociais envolvidos para conseguir efetivamente controlar a inflação.

De meados de dezembro de 1964 até o fim de janeiro de 1965, estive fora do Brasil em férias e para assistir à posse do presidente Johnson. Durante os feriados de Natal em New Hampshire, refletindo sobre os últimos acontecimentos no Brasil, fiquei profundamente convencido da necessidade da construção de uma nova infra-estrutura política de acordo com as necessidades contemporâneas. Pensei que a revolução tinha criado uma oportunidade única para tal desenvolvimento, e que muitos líderes de velhos partidos deviam estar preparados para unirem-se à nova organização que se antevia, com elementos de todo o País e com ampla participação social.

Estes assuntos estavam obviamente fora da minha responsabilidade oficial, mas numa oportunidade, em 1965, explorei este pensamento com o presidente, salientando que o fazia unicamente como um observador amigo dos negócios brasileiros. Castello Branco ouviu com seriedade e comentou ligeiramente, mas eu deixei a conversa com a sensação de que ele não tinha realmente entendido meu ponto, e que talvez a reestruturação da política civil era tão remota do ponto de vista da experiência dele que qualquer entendimento nesta questão era virtualmente impossível.

A considerável habilidade em política militar de Castello não parecia se transferir para a esfera civil, e nunca mais discutimos este assunto diretamente.

Mais tarde, em agosto, à medida que as eleições para o Senado se aproximavam, conversamos sobre possíveis reformas constitucionais, – tópico popular, nesta época, dos comentários da imprensa. Castello Branco refletiu sobre uma possível composição de instituições presidenciais e parlamentares, talvez mais na linha alemã do que na francesa (que ele achava peculiar ao caso especial de De Gaulle). Eliminou firmemente qualquer pensamento de prolongar seu próprio mandato ou de concorrer à reeleição. Entre as idéias em elaboração no seu espírito, estava a de alguma adaptação do colégio eleitoral americano para a presidência, que deveria mais tarde evoluir, como a nossa para o processo de eleição popular de fato. Salientou também a importância de assegurar a legitimidade democrática, bem como a legalidade jurídica por qualquer reforma constitucional; imaginava-se, por essa razão, que não deveria ser tratada pelo Congresso a ser eleito em 1966 em vez do Congresso eleito

Castello Branco: testemunhos de uma época   49

em 1962 com sua base popular distante no tempo e com muitos de seus membros cassados, além das substituiçoẽs conseqüentes.

Resumindo, nesse momento, Castello Branço parecia confiante que alguma forma de democracia constitucional estaria operando completamente dentro de um ou dois anos e as questões pendentes dependiam mais de mecanismos do que de princípios básicos. Também parecia confiante em que não havia perigo sério de uma reincidência dos "velhos políticos" de 1961-64. Tudo isso mudou com a crise provocada pelas eleições estaduais em outubro, a inesperada volta de Juscelino Kubitschek, e a rebelião da "linha dura" militar que quase lhe custou o posto e conduziu à emissão do Segundo Ato Institucional.

Embora no Rio fosse dia de eleição (3 de outubro de 1965), eu estava de novo em Washington para consulta de 11 a 26 de outubro, enquanto essa crise se desenvolvia e chegava ao seu desfecho. Voltei para encontrar uma cena inquietante e perturbada. Se o Primeiro Ato Institucional tinha sido motivo de assombro, o Segundo foi muito maior por muitos motivos.

Castello Branco estava perfeitamente ciente da reação tempestuosa da imprensa estrangeira aos dois Atos e preocupado com o impacto negativo nas relações exteriores em geral e em particular nas relações com os Estados Unidos. Por isso pediu-me que o visitasse na manhã do feriado de 1 de novembro, Dia de Todos os Santos. Nossa conversa durou duas horas – a mais longa das nossas entrevistas. Castello fez um resumo dos acontecimentos-chave das quatro semanas anteriores incluindo a recusa do Congresso em aceitar a reforma proposta das relações do Governo Federal com os dos Estados. Eles deturparam, disse ele, seu desejo de normalidade constitucional como um desejo de voltar ao *status quo* político anterior a 1964. Ele me pediu um comentário sincero, e eu o fiz em toda a extensão. Entre outros pontos, salientei minha preocupação de que a situação pudesse se transformar inteiramente em ditadura militar. O presidente sentiu que eu estava pessimista demais, que o Brasil evitaria qualquer tipo de ditadura, tanto a latino-americana tradicional como a do tipo Nasser, e que a nova base política podia e seria construída para apoiar as metas da revolução.

Três semanas mais tarde, quando o Secretário de Estado Dean Rusk o visitou no Rio, o presidente saiu de seus hábitos para referir-se ao meu temor de uma ditadura militar e para reassegurar sua confiança na restauração da normalidade constitucional em 1966. Não obstante, estava claro que a crise de outubro tinha sido um grande choque para ele: que o general Costa e Silva estava praticamente seguro da sucessão; e que Castello Branco não tinha mais o controle total da situação.

Concluindo, quando vi Castello Branco em nosso último encontro em Brasília, em dezembro de 1966, tive a impressão de que ele lamentava profundamente seu insucesso em conseguir uma ordem constitucional firme durante seu período no governo, mas tinha justificado orgulho em ter colocado as bases de um movimento novo e seguro para o desenvolvimento econômico e finalmente na reforma social. Como um bom soldado, tinha cumprido ao máximo seu dever, e nem todas as batalhas tinham sido perdidas.

Washington, D.C.
July 28, 1972

5. MEM DE SÁ

Senador pelo Estado do Rio Grande do Sul (1956 e 1962), líder da Minoria (1964)
e vice-líder do governo Castello Branco no Senado Federal, ministro da Justiça
(1966), ministro do Tribunal de Contas da União.

Prezado amigo Luiz Viana.

Muito vacilei em atender a gentileza do convite para enviar-te observações, narrativa de episódios, palestras e, em geral, tudo que, sendo de meu conhecimento, pudesse ser útil ao trabalho que preparas sobre o Governo de nosso grande presidente Castello Branco.

Vacilava por entender que nada tinha a contar que já não fosse sabido por ti, com material e minúcias muito mais amplas do que eu poderia apontar. Doutra parte, havendo sido pequeno meu convívio com o Marechal (menos de seis meses no Ministério) pobre seria, e é, a minha contribuição. E, ainda, a circunstância de que os poucos fatos ou palestras de maior valor que teria a reproduzir são, em grande parte, inservíveis para o teu trabalho, pelo caráter sigiloso que os deve envolver, tendo em conta que comprometem ou atingem pessoas ainda vivas.

Nosso comum amigo ministro Baleeiro, durante uma conversa há poucos dias, dissuadiu-me do propósito de manter silêncio, ponderando-me que, em qualquer hipótese, a um espírito como o teu, mesmo conhecendo plenamente os fatos, um depoimento a mais, mesmo mofino, pode conter alguma utilidade, ainda que mínima. E, como ainda pesei a bondade de teus reiterados convites, entendi que o silêncio ou a abstenção poderia ser tomada como menor apreço ou maior desatenção – o que, além de falso, seria fazer-me passar por menos sensível às demonstrações de generosa amizade com que me tens cumulado. Eis por que, embora tardiamente, aqui alinho algumas das poucas passagens ou conversas que mantive com nosso inesquecível amigo.

Meus primeiros encontros com ele, antes de ser ministro, foram raros e nada oferecem de interessante. Como sempre adotei em minha conduta, jamais fui ao palácio falar com o presidente sem ser por ele chamado. Ele me convocou apenas duas ou três vezes. A primeira, lembro-me bem, estavas presente, mais o então ministro Milton Campos e o deputado Pedro Aleixo, líder na Câmara. Eu fui convidado a comparecer na qualidade de vice-líder no Senado, por achar-se ausente o Daniel Krieger. O tema da entrevista foi de menor importância: – tratava-se de escolher o momento azado para que o Governo enviasse ao Congresso um projeto de Emenda Constitucional ou uma Lei de alta relevância política. O encontro foi rápido porque, unanimemente, os quatro convocados opinaram no sentido de que seria mais conveniente aguardar algum tempo e a ocorrência de circunstâncias mais favoráveis aos objetivos que se tinham em vista. Falei pouco e, aliás, repito, foi breve a entrevista, pelo consenso dos convocados.

Se, apesar disto, assinalo o episódio é por ter uma nota, que, embora não aparente vinculação direta com ele, muito me impressionou e, repetida outras vezes, passou a ter, para mim, uma significação que se me afigura ser dos traços característicos e mais desvanecedores do presidente Castello Branco: – a sua extraordinária fidalguia em tratar com pessoas de menor qualificação política. Eis o que desejo acentuar: – estava eu no Senado quando me chamam ao telefone, dizendo que do Palácio desejavam falar comigo. A pessoa que me atendeu se identificou como um ajudante-de-ordens do presidente e acrescentou que este iria falar. Para meu pasmo, efetivamente o marechal pessoalmente se dirigiu a mim, indagando-me, com requinte de delicadeza, se eu teria inconveniente em ir a Palácio, no dia seguinte, a tal hora (creio que 16 ou 17), na qualidade de vice-líder, no exercício ocasional da liderança no Senado. Ainda fez questão de anunciar que os demais convidados à conferência seriam o ministro da Justiça, o chefe da Casa Civil e o líder do Governo na Câmara.

Soube, depois, que, invariavelmente, o presidente era quem, em pessoa, falava pelo telefone, formulando convites a senadores e deputados. Penso que este traço merece ser assinalado, pois ignoro se outros presidentes têm assim procedido.

Afora a reunião referida, creio que fui requisitado para mais duas, para debater aspectos ou disposições de projetos de lei de que eu era relator, no Senado. Uma delas merece menção, por outra característica que anotei, sempre, no procedimento do presidente Castello. Desta participaram comigo, o ministro Otávio Gouveia de Bulhões, o dr. Luiz Moraes Barros e um seu assistente, Sr. Paulo Lira. Assunto: – Lei da Reforma Bancária. Problema: – encontrar fórmulas de conciliação para os atritos de interesses do Banco Central, a ser criado, e do Banco do Brasil, sob a presidência de Moraes Barros. Temia este o esvaziamento de seu estabelecimento, em conseqüência das atribuições a serem conferidas ao Banco Central. Muitas reuniões já se haviam realizado, entre os representantes das correntes divergentes, o ministro Bulhões e eu, sem se alcançar resultado ou solução definitiva. Daí, a convocação do presidente. Como o dia era feriado, ou de ponto facultativo, a reunião foi marcada para o Palácio da Alvorada. Os convidados esperaram a chamada do presidente, que atendia outra pessoa. Quando o ajudante-de-ordens veio avisar que podíamos passar para a Biblioteca, onde estava o marechal, para lá nos dirigimos e, sem nenhuma preocupação de

Castello Branco: testemunhos de uma época 53

prioridades, ao acaso, o ministro Búlhões entrou em primeiro lugar, seguido de perto por Morais Barros. Após este, eu. Bulhões cumprimentou o presidente e se sentou, na cadeira à esquerda dele, que ocupava a cabeceira da mesa; Morais Barros, totalmente alheio ao aspecto protocolar se adiantou para cumprimentar o marechal. Percebendo este que, inadvertidamente, o presidente do Banco do Brasil iria sentar-se na cadeira à sua direita, com a maior naturalidade e de maneira tão singela que a ninguém ferisse, disse, ainda antes de apertar a mão de Morais Barros: – "Esta cadeira (e apontou a que estava à sua direita) é a sua, Senador."

Assim era o homem. Além de todas as qualidades superiores de Estadista, tinha, ainda, a preocupação e o senso da hierarquia protocolar. O mesmo ocorreu quando eu fui ministro. Como o Ministério da Justiça foi, cronologicamente, o primeiro a ser criado, por sistema inviolável ele fazia questão que o titular daquela pasta ocupasse a cadeira ou a posição à sua direita, no lugar imediatamente depois do presidente.

Cabe, aqui, relembrar outro episódio comprovador dos extremos de sensibilidade e cavalheirismo do marechal. Aprovada, finalmente, a lei da Reforma Bancária, contendo as soluções previamente aceitas, certo dia, vésperas de 31 de dezembro, fui chamado ao Palácio das Laranjeiras. Lá encontrei, à mesa, além do presidente, os ministros Roberto Campos, Otávio Bulhões e, se não me falha a memória, o chefe da Casa Civil.

Explicou, então, o presidente o motivo de minha convocação: – a lei, depois de aceita pelo Congresso, ao ser novamente analisada no Executivo, pelos ministros diretamente interessados, havia sido objeto de propostas de veto a algumas (pouquíssimas) de suas disposições. Mas como o substitutivo votado fora, em boa parte, de minha co-autoria e na qualidade de relator eu aprovara ou subemendara ou rejeitara as emendas apresentadas, não queria o presidente pôr qualquer veto que não fosse previamente de meu conhecimento, a fim de que, se com algum não estivesse de acordo, formulasse meus argumentos, pois ele estava disposto a considerá-los e, provavelmente, a aceitá-los.

Confesso que fiquei comovido e tão desvanecido como jamais, em toda a vida. Declarei, firme e honestamente, que, se os vetos haviam partido dos ministros Roberto Campos e Otávio Bulhões, tinham, desde logo, meu expresso assentimento, antes mesmo de lê-los. Quis até recusar-me a isto. Mas o presidente foi inflexível: fez questão que eu os estudasse e a cada um desse minha opinião. Como esquecer um tal homem? Como encontrar quem se lhe compare nestas qualidades de estadista e de fidalgo exemplar?

Por fim, as últimas reuniões a que tive acesso, antes de ministro, foram as realizadas depois da promulgação do AI-2, a fim de discutir a questão do novo partido a ser instituído para apoiar o Governo, demais aspectos decorrentes da extinção dos antigos, legislação necessária para os que surgiram, etc. A primeira delas, lembro-me bem, realizou-se numa sala grande do Palácio do Planalto, sendo a ela chamados cerca de 30 deputados e senadores, fiéis à Revolução e conhecedores dos problemas e peculiaridades partidários. Como em toda reunião numerosa, ainda mais tendo em conta a multiplicidade dos temas a estudar, assim como a dificuldade de muitos deles, por inéditos, aquela foi agitada e confusa. O caso mais difícil que se deparava ao Governo e ao partido que lhe ia dar amparo, era o da conciliação dos interesses eleitorais e partidários entre os remanescentes das agremiações, adversários ferrenhos até a véspera, e agora forçosamente reunidos, sobretudo entre os ex-pessedistas, os ex-udenistas e até numerosos ex-trabalhistas. Como metê-los todos na mesma canoa e, especialmente, como escolher, dentre eles, os candidatos para as eleições do ano seguinte, 1966? (A conferência ocorreu, segundo penso, em meados ou fins de novembro de 1965). Atuante e desinibido que sou (talvez até demais), dei-me a defender, como fórmula salvadora – e a meu ver – única possível, a da instituição do sistema das sublegendas, seguindo o exemplo que tantos frutos há um século dava no Uruguai. Aliás, acentuei, a fórmula era esposada e figurava expressamente no programa do Partido Libertador. A sugestão provocou animados debates, tendo contra ela o peso da oposição do deputado Pedro Aleixo. Recordo que o abalei, quando lhe perguntei como ele, sem o recurso da sublegenda, resolveria o "caso" a criar-se em Barbacena, por exemplo, se o candidato a prefeito ou a senador fosse da corrente dos Bias Fortes ou dos Andradas. Depois de acalorada discussão (desejo acentuar que não pretendo atribuir-me a paternidade da solução da sublegenda, pois nem sei exatamente de quem ela partiu), a fórmula havia conquistado, senão a totalidade, pelo menos a grande maioria dos presentes. E, então, o presidente, encerrando a conferência, designou uma Comissão, creio que de cinco membros, para redigir um projeto de lei e de estatutos. Figurava eu na lista, ao lado do deputado Pedro Aleixo. E, em conseqüência, outros encontros mantivemos com o marechal, pondo-o a par do andamento dos trabalhos e submetendo à sua decisão, os casos controvertidos ou duvidosos. Não sei por que, nutro suspeita de que foi minha atuação nestas reuniões e na elaboração dos textos legais que levou o presidente, menos de dois meses depois, a convidar-me para exercer o cargo de ministro da Justiça, posto que jamais, em minha vida, sequer sonhara em vir a ocupar.

Julgo que a palestra que mantivemos, no início de janeiro de 1966, quando ele me ofereceu o Ministério, é das poucas que talvez não seja conhecida de seus íntimos, mesmo do ministro-chefe da Casa Civil. Eis a "estória" que revela a acuidade política inata de Castello Branco, para mim, a maior vocação de homem de Estado e de político que já encontrei, amando e entregando-se ilimitadamente ao cumprimento de deveres que correspondiam às suas inclinações congênitas. Passada a surpresa (ou

Castello Branco: testemunhos de uma época   55

estupor) que me assaltou, ao receber o convite (os jornais andavam noticiando que eu seria ministro, mas nenhum, nem ninguém, apontava a pasta da Justiça como provável) pedi prazo para consultar, preliminarmente, meu médico, pois há cerca de 4 meses, em setembro de 65, sofrera eu um enfarto do miocárdio, embora benigno. Com o consentimento do médico, tornei no dia seguinte ao Palácio das Laranjeiras, para dizer que podia enfrentar o encargo, mas que condicionava minha aceitação à resposta que o presidente daria a uma pergunta que pedia licença para formular. Com o seu assentimento manifestei-me, mais ou menos nos seguintes termos: –

"Perdoe-me a impertinência, presidente, mas, apesar da imensa honra que o senhor me confere, com este inesperado convite, desejo declarar-lhe que só o aceito se o senhor me esclarecer o que se me afigura um mistério".

– Pergunte – retrucou-me, sorrindo maliciosamente.

"Diga-me, então, presidente, porque o senhor, tendo um amigo que priva de sua intimidade e é grande político e jurista, leva-o para a pasta da Educação (Pedro Aleixo) enquanto convida para a da Justiça um homem que contadas vezes tem falado com o senhor, sempre limitado a assuntos determinados, a quem, portanto, o senhor pouco conhece e que, além de tudo, nada tem de jurista."

"A pergunta é pertinente e tem explicação fácil – contestou Castello Branco. No momento difícil da situação política que atravessamos, eu preciso de um ministro da Justiça que cumpra, desde logo, duas tarefas delicadas: – a de organizar a Arena e lhe estruturar os Diretórios e a de me auxiliar na escolha dos candidatos a governadores. Em ambas, o choque dos interesses partidários entre ex-pessedistas e ex-udenistas será agudo, senão explosivo, exigindo muito tato e habilidade. Ora, o deputado Pedro Aleixo, amigo a quem muito admiro, apresenta o inconveniente de ser ou ter sido udenista extremado. Assim, tudo o que fizer ou propuser, para aquelas missões, será recebido com desconfiança pelos ex-pessedistas, agravando, talvez, as dificuldades das soluções. O senhor, porém, nem foi pessedista, nem udenista, embora, como libertador, tenha estado sempre em aliança com a União Democrática. Mas os dirigentes do PL são tidos como homens independentes e despidos de facciosismo. Doutra parte, realizei sondagens que me confirmaram que sua pessoa tem trânsito livre e é benquista quer entre os pessedistas quer entre os da UDN. Daí por que não encontrei pessoa mais indicada para me ajudar naquelas tarefas. Está satisfeito com a explicação?" – concluiu.

E assim me vi, inesperadamente ministro e ministro de Castello Branco.

Como ministro, jamais deixei de avistar-me com ele pelo menos duas vezes em cada semana. Era simplesmente assombrosa a sua capacidade de trabalho, de atenção e de memória. Raro o dia, em que, pessoalmente deixava de me telefonar indagando da marcha ou das novidades acerca dos múltiplos problemas políticos ou administrativos que se achavam em pauta. Na estruturação dos diretórios da Arena estabeleceu uma divisão de trabalho, tomando a seu cargo os casos mais árduos e espinhosos, que exigiam, além de habilidade, a autoridade do presidente. Mas ele, em extremos de cavalheirismo, jamais deixava de me pôr ao corrente das negociações que dirigia, em grande número de Estados, quando eu lhe ia dar conta do que fizera e de como se encontravam as coisas nas prebendas de minha área. Seu trato — sabes tu, Luiz, melhor que ninguém — era ameno, afetuoso, franco e requintadamente delicado. Jamais houve entre nós um só problema, a mais remota nuvem de aborrecimento. Ele cultivava a ironia e o humor, tal como eu. Assim, após concluídos nossos "despachos", freqüentemente nos demorávamos em bate-papo cheio de espírito e de graça, rindo ele de uma boa piada ou da narrativa de algum caso pitoresco.

Mesmo os problemas mais difíceis, jamais deram margem a qualquer situação de constrangimento entre nós.

Dos episódios políticos do Rio Grande do Sul, onde dois ex-correligionários que eu, até então, supunha meus amigos, passaram a proceder de maneira insidiosa e até indigna, tu tiveste sempre notícias direta, pois participaste das reuniões (*en petit comité*, como o presidente chamava) que versaram os problemas. Abstenho-me, por isto, de reproduzi-los, já também porque constituem matéria miúda e por vezes mesquinha, que até hoje me amofina o coração.

Mas não quero deixar de descrever um encontro, no Planalto, entre o presidente, o seu ministro da Justiça e o líder do Senado, sem outras testemunhas. Certo dia, após haver terminado o despacho, disse-me o presidente que convidara o senador Daniel Krieger a vir a Palácio para uma conversa conosco, sobre a sucessão gaúcha. Ao ingressar na sala o senhor Krieger, após reexame da situação de nosso Estado, o presidente mostrou sua extrema apreensão com o rumo que ela tomava, em face da radicalização entre o cel. Perachi Barcelos, então ministro do Trabalho, e o deputado Tarso Dutra, ambos em luta aberta, cujas conseqüencias só podiam ser sombrias para a Arena e, em conseqüência, para o Rio Grande e — o que era mais grave — para a segurança da Revolução. Todos nós pensávamos da mesma forma e reconhecíamos que, inevitavelmente, a solução só poderia partir do Centro. Foi quando o presidente, dirigindo-se ao senador Krieger lhe disse que, em seu entender, somente ele, Krieger, poderia resolver o problema. Amigo pessoal, íntimo, de Tarso Dutra e com excelentes relações com Perachi Barcelos, apoiado pelo Governo Federal, seria a fórmula ideal: para o Rio Grande, para o fortalecimento e coesão da Arena e para a tranqüilidade do Poder Central e da Revolução. O senador Krieger, constrangido, escusou-se, rogando ao presidente que afastasse seu nome de qualquer hipótese em tal sentido. Foi firme e não

Castello Branco: testemunhos de uma época 57

cedeu aos apelos do marechal. Este, retendo-me no gabinete, após a saída do senador Krieger, ainda planejou um último recurso: –

"Ministro, disse-me, sei que o senhor é muito amigo do senador Krieger. Peço-lhe, pois, que torne a procurá-lo e empenhe seu maior esforço no sentido de que aceite o governo do Rio Grande. É a melhor solução, é a única solução plenamente satisfatória."

"Farei o que me pede, presidente, respondi, com o máximo fervor. Mas não tenha dúvida, o Krieger não aceitará e a reiteração do convite, partindo do senhor, a quem ele vota, mais que amizade, veneração, só lhe aumenta o constrangimento para negar. Ele, porém, não aceitará, porque não tem temperamento para cargo executivo, que exige paciência, concentração e longas horas e dias de encerramento numa sala, ouvindo e aturando "cacetes" ou imobilidade no debate, com ministros e outras pessoas, de problemas complexos que exigem longas pausas para meditação. Ele é irriquieto, nervoso e só se sente realizado na ação e na movimentação dos assuntos políticos e parlamentares. É um líder nato, que só é plenamente feliz na atividade, por vezes febril e extenuante, das conferências, da concatenação, da arregimentação dos companheiros de causa e na estratégia e combate contra os adversários."

No dia seguinte, telefonei e pedi que meu líder no Senado fosse a meu gabinete. Atendeu-me prontamente. Transmiti-lhe, com a maior since-ridade e o maior calor a nova exortação do presidente. Mostrei-lhe sua responsabilidade, dei relevo à posição que lhe era oferecida, como vitória e consagração de sua vida pública, etc. Ele foi, porém, como de hábito, liso, limpo e sem refolhos.

– "Mem, exclamou, tu me conheces bem. Sabes que eu não tenho temperamento para exercer um cargo destes, pois sou nervoso, irriquie-to, homem de ação, nascido para a política e o parlamento. Pede para o presidente não insistir, pois eu não sei como lhe recusar coisa alguma, mas sei que não corresponderia ao que ele espera de mim, como governador.

Estes dois diálogos me confirmaram o juízo que fazia dos dois homens. Castello Branco, só pensando nas soluções que fossem as melhores para a Revolução; Krieger, subindo ainda mais em meu conceito, por sua franqüeza aberta, por seu desinteresse e desambição, bem como pela preocupação de conservar-se fiel a si mesmo e ao presidente. Só não foi governador do Rio Grande porque não quis.

Deixando de fora outros episódios, ou porque rotineiros ou porque de teu pleno conhecimento (muito maior do que o meu, pois como chefe da Casa Civil tinhas convívio diário e permanente com o marechal) quero, ainda, historiar algumas passagens relativas à deposição do governador Ademar de Barros. Elas se passaram entre o presidente e o seu ministro, sem testemunhas.

A primeira ocorreu no fim da tarde da sexta-feira que antecedeu à queda do deplorável chefe paulista, já em luta aberta contra o Governo Federal.

Nas primeiras horas daquele dia, fora eu procurado pelo Roberto Abreu Sodré (candidato a governador do grande Estado) que me revelou as alarmantes manobras de Ademar, no sentido de subornar deputados da Assembléia que iriam eleger o novo governante. A intenção era torpedear a política econômico-financeira dos ministros Roberto Campos e Otávio Gouveia Bulhões, preparando-se, com esta finalidade, para escancarar as arcas do Banco Oficial de São Paulo, em toda sorte de empréstimos (quando a orientação federal dava ênfase à necessidade de dosar e refrear o crédito) e, doutra parte, para jogar no mercado emissões maciças de títulos da Dívida Pública, a juros e prazos sedutores, de modo a desmoralizar e deixar sem compradores as Obrigações do Tesouro Nacional, então lançadas.

Preocupado, fui com Abreu Sodré ao gabinete do ministro Bulhões, que, já conhecedor dos fatos, nos expôs as medidas drásticas que preparava para enfrentar os desatinos de Ademar.

Ao regressar a meu gabinete, cerca de 17 horas, encontrei o chamado urgente do marechal para comparecer ao Palácio das Laranjeiras. Havendo ele começado a conferência com a notícia de que me procurava desde as 15 horas, era de meu dever narrar-lhe o que fizera e o que ainda cogitava fazer. A par da ação dos Ministérios da Fazenda e do Planejamento, imaginava eu fazer filtrar, na imprensa, sob a forma de notícia não oficial, que o Ministério da Justiça, ciente das intenções que tomavam corpo, em São Paulo, da compra de votos de certo número de deputados estaduais que assegurassem a vitória de candidato não homologado pelo Governo Federal, estava pronto a promover a cassação de tais parlamentares, cujos nomes já eram de seu conhecimento, de maneira a evitar a venalidade e a corrupção. Contei-lhe, também, da longa palestra com o ministro Bulhões, acentuando a necessidade de providências urgentes, para anular a ação corrosiva do governador paulista.

O presidente Castello ouviu-me, sem interromper, com maior atenção e tranqüilidade. Ao fim, com fleugma não despida de um leve sorriso de ironia e bom humor falou:

— "Aprovo suas providências e louvo a rapidez de sua ação. Mas, ministro, pensando, também eu, na situação paulista, pergunto-lhe se não considera mais eficiente a medida radical que estou disposto a adotar: a cassação ou a derrubada do governador Ademar de Barros?

E, sempre com a manifestação de sua delicadeza, acrescentou: "Para comunicar-lhe e debater esta solução é que o procuro desde cedo. Queria que o ministro da Justiça fosse o primeiro a ter ciência da matéria. E só porque não o encontrei logo e porque o ministro Costa e Silva teve despacho comigo e devia viajar imediatamente depois, é que com ele

Castello Branco: testemunhos de uma época 59

conversei, em primeiro lugar, a respeito. Peço que me releve o fato, considerando que o tempo não me permitia outra solução."

Depois desta nova demonstração de fidalguia e generosidade, indagou de mim, se, concordando com a fórmula (que eu, entusiasticamente, havia declarado ser a ideal) que outras pessoas ou ministros sugeria fossem ouvidos, ainda nesta fase de absoluto sigilo, pois, acrescentou, somente amanhã (sábado) devemos tomar a decisão definitiva. Sugeri-lhe, apenas, que consultasse os ministros Otávio Bulhões e Roberto Campos, pois que se encontrava no Brasil uma Comissão de banqueiros ou financistas do FMI ou do BIRD (não me lembro exatamente) tratando da concessão de novos créditos ao Brasil e, talvez – a juízo daqueles ministros – a medida conviesse ser adiada a fim de não prejudicar as negociações em curso. O presidente aplaudiu a idéia, acrescentando que convocaria os dois ministros para às 9 horas do dia seguinte. Convidava-me a comparecer no Palácio, logo depois, às dez.

Pontualmente, recebeu-me na hora prefixada e me comunicou que, havendo os titulares da Fazenda e do Planejamento não somente concordado com a solução, mas, ainda, afirmado que ela teria muito boa repercussão nos meios financeiros internacionais, a decisão se impunha e deveria ser urgente e executada logo na segunda-feira, após a publicação do decreto no *Diário Oficial* que deveria circular cedo, na manhã daquele dia.

Creio que foi nesta mesma ocasião (mas não tenho certeza absoluta disto) que me informou que já chamara ao Rio o vice-governador Laudo Natel, para colocá-lo a par da nova situação, pois desejava que a sucessão de Ademar obedecesse às disposições constitucionais.

Também não afirmo peremptoriamente se foi nesta oportunidade que eu lhe disse estar pronto para seguir, logo que ele determinasse, para São Paulo, a fim de, como ministro da Justiça, dar cumprimento ao Decreto.

Riu o marechal, asseverando a seguir: – "Enviar o meu ministro da Justiça para tal missão? Isto seria dar demasiada importância ao governador! Ao general comandante do 2º Exército cumpre dar conta da tarefa. Para tal objetivo, já o mandei chamar à minha presença aqui."

Surpreso, senão pasmado, arrisquei: – "Mas, presidente, o general Amaury Kruel recentemente fez manifestação pública, em festividade adrede preparada em Porto Alegre, pelo Comandante do 3º Exército, claramente destoante, senão hostil, à política do Governo Federal! Eu julgava que ele deveria, sob qualquer pretexto, ficar à margem dos acontecimentos e, se possível, afastado de São Paulo. Peço-lhe que me perdoe o atrevimento, mas este é o meu modo de ver..."

Sorriu, fina e levemente, o presidente, e, entre sério e bem humorado, arrematou: – "Não, ministro, o general Kruel é, antes de mais nada, um bom soldado. Ele acatará e cumprirá a ordem do comandante-em-chefe das Forças Armadas..."

– "Mas, marechal, insisti eu, impertinente, em face de meus temores, não irá nisto um sério risco?

– "Penso que não, e, se, acaso, houver, será um risco muito bem calculado..." arrematou, com a mesma ponta enigmática e irônica de seu sorriso malicioso.

(Abrindo um parêntesis na narrativa, desejo referir um pormenor que comprova a doçura e a afetividade do marechal Castello Branco que, geralmente, para os que com ele não privaram, é tido por homem frio e árido de sentimentos. No fim da entrevista, na sexta-feira, cerca de 19 horas, o presidente tomou-me o braço e, conduzindo-me até à porta do gabinete, disse-me, cheio de cuidados e de carinho, provavelmente pensando em meu infarto, seis meses antes:

– "Mas olhe, ministro, não vá preocupar-se com isto, pois tudo correrá bem e tudo está previsto. Vá para sua casa, tome o seu chá, veja televisão e durma cedo e tranqüilo..."

"Não, presidente, o senhor me conhece pouco. Não estou nada preocupado e até me sinto bem, pois meu clima, em política, sempre foi o da luta. Hoje à noite, vou deitar-me tarde, pois irei jantar com o professor Eugênio Gudin, que oferece habitualmente vinhos excelentes..."

"Tanto melhor, tanto melhor", arrematou Castello Branco, com um olhar transbordante de bondade.

No dia seguinte, domingo, tanto de manhã, como de tarde, passamos, eu e meu chefe de gabinete, João Leitão de Abreu, no Palácio das Laranjeiras, redigindo, com o máximo cuidado, o decreto que afastaria Ademar de Barros do Governo de São Paulo. A hipótese era inédita, porque o Ato, que autorizava a cassação de mandatos eletivos, fazia referência expressa apenas aos dos Poderes Legislativos, silenciando a respeito dos do Poder Executivo. O professor Leitão de Abreu, com seu tino jurídico, sua excepcional habilidade e seus recursos intelectuais, chegou, finalmente, a uma fórmula que solvia perfeitamente a questão, sem possibilidade de dúvida ou interpretação distorcida.

E à noite, já tarde, o professor seguia de automóvel para São Paulo, a fim de tomar as providências que as circunstâncias pudessem reclamar e levar ao conhecimento oficial da Assembléia Legislativa o texto do decreto.

Ao longo deste domingo, em que privei, calma e tranqüilamente, com o presidente Castello Branco e com os generais Golbery e Ernesto Geisel, somente dois pequenos episódios merecem reprodução.

O primeiro diz respeito à segurança e à calma com que o marechal me comunicou: – Não lhe disse? O general Amaury Kruel estava comigo, recebeu a incumbência que lhe dei e sem opor a menor restrição, como bom soldado que é, se prontificou a lhe dar cumprimento." Mas a sombra

Castello Branco: testemunhos de uma época

do sorriso (seria ilusão minha?) continuava bailando mais ainda em seus olhos do que em seus lábios...

O segundo está na pergunta que, subitamente, me desfechou o presidente: – "Ministro, o senhor conhece um economista chamado Delfim Netto?"

"Pessoalmente muito pouco; apenas uma vez lhe falei, ao lhe ser apresentado. Mas posso lhe informar que se trata de homem de grande talento e saber. Assim afirmo porque tenho um filho, Ph.D. do Massachussets Institute of Technology, que trabalha no IPEA com o grupo que o ministro Roberto Campos organizou, com uma dezena de professores norte-americanos e outra de brasileiros, para preparar os programas de ação governamental e o planejamento futuro de nossa economia. Pois bem, tal é o apreço que Roberto Campos tem pelo Delfim que a ele solicitou colaboração para este trabalho. Em conseqüência, todas as segundas-feiras o Delfim Netto vem de São Paulo, pela manhã bem cedo, e fica em reunião com o grupo do IPEA até às 8 da noite, quando retorna à sua cidade, depois de haver debatido durante o dia inteiro, todos os grandes problemas em exame. E meu filho assevera que ele é dos homens mais bem-dotados e de maior cultura especializada que tem visto."

– "Ah, disse-me então o presidente, por isto é que o Campos me indicou o nome dele para ser titular da Secretaria da Fazenda do Governo Laudo Natel a fim de pôr ordem no caos em que ela se encontra depois do terremoto do Ademar."

Dou atenção especial a este pequeno diálogo porque ele bem revela que foi Roberto Campos quem lançou o atual ministro da Fazenda e deu oportunidade para que o professor Delfim Netto pudesse fazer a brilhante carreira que tem realizado e demonstrar sua excepcional capacidade técnica e científica.

* * *

Não devo encerrar estas breves notas sem referência expressa ao problema da sucessão presidencial. Serei breve porque tu o conheces como poucos e até seria ridículo que me atrevesse a aparentar intimidades que jamais tive.

Quero acentuar, porém, que apenas duas ou três vezes falei com o marechal – que me lembre – sobre a tormentosa questão.

A primeira foi quando ele convocou o ministro Juraci Magalhães, a ti, ao ministro Cordeiro de Farias, general Golbery, general Geisel e a mim (adoto a ordem que os convidados tomaram assento à mesa, naquela tarde de sábado, no Palácio das Laranjeiras: Juraci, tu e Cordeiro, do lado esquerdo; Golbery, Geisel e eu, à direita; sentado defronte de mim, o ministro do Exterior). O presidente expôs sucintamente o assunto que constituía a pauta da sessão: – a sucessão presidencial; como deveria ser

62   Mem de Sá

conduzida, como convinha ser a Convenção, se com um só candidato ou com vários, etc. – e pediu que cada um expusesse o seu pensamento. Não repetirei o que sabes demais, tão bem quanto eu, como as coisas se passaram. Somente quero frisar a ênfase, o calor e até a contundência, com que eu me manifestei contrário à candidatura do general Costa e Silva.

Também deixo de comentar que o presidente falou pouco e, ao encerrar a reunião, não revelou claramente sua maneira de ver a questão. Agradeceu, como de hábito, o comparecimento e a colaboração dos presentes e ninguém ficou conhecendo, de forma explícita, o seu juízo na matéria, embora todos adivinhassem.

A segunda vez foi poucos dias depois, criada por meu temperamento, que não prima pela precaução ou habilidade díplomática. Após um despacho de rotina, antes de retirar-me, afoitamente abordei a questão da candidatura Costa e Silva, dizendo quanto me preocupava, pois estava convencido de que com ela poríamos fora, pela janela, a Revolução e os seus frutos. Ouviu-me em silêncio, sério, mas nada contestou. Falei-lhe, então, na possibilidade e na viabilidade de contrapor à do general Costa e Silva e candidatura do mar. Ademar de Queiroz, cujos títulos (afora os intelectuais e de preparo para o cargo) eram, incontestavelmente, muito superiores, também sob o prisma militar, pois o marechal Ademar, com o marechal Cordeiro, foi dos primeiros a conspirar, preparando a Revolução, praticamente desde o governo Kubitschek. Assim, os partidários militares de Costa e Silva, que tanto ressaltavam seus títulos em benefício da Revolução, nada poderiam objetar contra a candidatura e a superioridade dos merecimentos do marechal Ademar.

O presidente, sem revelar o pensamento, apenas disse: – "Este, (Ademar), para mim é como um irmão. Mas, ministro, por ora a situação não permite decisões como a que o senhor alvitra. Talvez, oportunamente, eu volte a lhe falar." E assim pôs termo à reunião, mostrando-me, claramente, que não desejava prosseguir na conversa.

Em conseqüência, pouco tempo depois, logo que a candidatura Costa e Silva ficou decidida, e aceita pelo marechal Castello Branco, ao final de nova audiência, comuniquei-lhe minha decisão de deixar o Governo, por mais que tal resolução me pesasse e por maior que fossem o meu apreço e minha amizade por ele, como meu desejo de servi-lo. Mas, como ministro da pasta política, contrário radicalmente à solução esposada pelo Governo, quanto ao candidato à sucessão presidencial, não poderia continuar no posto com que fora honrado.

– Mas o senhor não é, nem vai ser, ministro do general Costa e Silva ou de sua candidatura. O senhor é meu ministro e goza de minha integral confiança, não vejo, portanto, porque demitir-se – respondeu-me.

"Sim, é certo o que o senhor diz – revidei – mas não é menos certo que exerço, repito, a pasta política do Governo e, no momento, estou

Castello Branco: testemunhos de uma época

frontalmente contrário à política adotada pelo Governo. Sentir-me-ia constrangido nesta posição ambígua ou contraditória e ainda mais contrafeito em face do general Costa e Silva que já não a ignora. Como poderia eu tomar qualquer atitude ou providência, como ministro da Justiça, que favorecesse uma candidatura que combato? E como recusá-la, sem faltar com a lealdade que lhe devo? Não, presidente, minha resolução é irreversível; por mais que me desgoste e entristeça deixar de ser seu auxiliar e colaborador, por mais que sinta afastar-me de seu convívio, não posso nem quero ficar. Mas, presidente, não lhe criarei nenhuma dificuldade ou aborrecimento: – Dou-lhe o tempo que precisar para escolher meu substituto e só tornarei pública minha decisão quando o senhor concordar, e, de qualquer forma, em termos que de maneira nenhuma afetem seu Governo.''

Nas duas ou três semanas seguintes, talvez mais, repetidamente perguntava ao presidente quando ele me libertaria e dele ouvia as dificuldades que se lhe deparavam, no caso, tendo em vista que todos os deputados e quase todos os senadores, com títulos para serem nomeados, precisavam desincompatibilizar-se para concorrerem às eleições de outubro daquele ano. Pedia-me paciência e eu prazerosamente ia concordando, até que surgiu a imperiosa necessidade de cassar cinco ou seis deputados da Assembléia Legislativa do Rio Grande, tendo em vista a eleição indireta do novo governador daquele Estado.

Eu compreendia as razões de Estado e as exigências da Revolução para que assim se procedesse, mas eu era rio-grandense e conhecia, um por um, os deputados a serem atingidos. Conhecia também os processos que haviam sido elaborados, como base para a medida extrema. Assim, minha consciência e minhas responsabilidades de filho do Rio Grande somente poderiam aceitar a cassação, no máximo, de dois dos nomes da lista. Disse isto mesmo ao presidente, quando ele me expôs a urgência reclamada pelos dirigentes da política estadual, acrescentando: "Agora, presidente, o senhor tem de encontrar imediatamente meu substituto, porque doutra forma, as cassações não serão efetivadas. Perdoe-me, arrematei, se sou obrigado a desgostá-lo, pois nada me dói mais do que outra saída para o caso.''

Felizmente, como que caída do céu, a solução se apresentou poucos dias depois, com a aposentadoria do ministro Medeiros da Silva do Supremo Tribunal Federal.

Assim, se repito o que é mais do que sabido, faço-o para deixar bem claro que não foram as cassações dos deputados rio-grandenses que determinaram meu pedido de demissão do Ministério, como há quem insista em pensar. Minha decisão estava tomada muito tempo antes e a razão dela era a candidatura Costa e Silva, esposada oficialmente. Aliás, na carta que a imprensa divulgou, em que solicitei a demissão, refiro-me exclusivamente à candidatura do ex-ministro da Guerra, sem a menor alusão às cassações. Os generais Golbery, Geisel e Cordeiro, podem dar testemunho do que aqui estou reiterando.

* * *

Creio oportuno, para teus propósitos, contar, ainda, a atitude do presidente Castello Branco, por ocasião da chamada Lei da Justiça Federal. Foi esta, talvez, – afora a intensa atividade política e descontada, também, a colaboração do Ministério da Justiçà, sobretudo graças à atuação do professor Leitão de Abreu, prestada aos atos e decretos-leis de outras pastas ministeriais, assim como descontada a legislação de natureza política própria da pasta da Justiça, referente, especialmente às eleições e aos partidos – foi esta, a da Justiça Federal, a lei e a providência de caráter administrativo que mais assinalam a minha pálida gestão no Ministério. O que eu desejo acentuar é o cuidado, quase obsessivo, do presidente, em matéria das nomeações que os quadros da nova Justiça permitiam. Quanto aos juízes, determinou ele que eu e o general Golbery organizássemos a nominata. Fizemo-la com base, exclusivamente, no *curriculum-vitae* dos candidatos e nas informações do SNI. Quanto aos demais cargos, o marechal Castello foi irredutível: – não admitiu nenhuma nomeação, ainda que em caráter interino, a não ser de funcionários públicos federais, efetivos ou com estabilidade. Assim, ficaram muitas dezenas, mais de centena, de cargos vagos, porque, repetia o presidente: – "Já bastam os escândalos que se registram, nesta matéria, em muitos Estados. Em meu Governo só se nomeia para cargos em comissão ou mediante concurso." "E olhe – aditou-me logo de saída – rogo-lhe com insistência que, se receber qualquer pedido de nomeação, para qualquer cargo, de qualquer parente meu, seja quem for, rogo-lhe que não me dê do fato conhecimento, e não atenda, em hipótese alguma, o pedido, e o jogue na cesta de papéis inservíveis."

Para ser completamente justo, devo enfatizar, acerca das nomeações para os cargos da Justiça Federal que, não só o presidente assim se portou; a grande maioria dos ministros também não me dirigiu pedido algum, seguindo o exemplo perfeito do grande chefe.

* * *

Terminarei estas notas, narrando a última vez que falei com o marechal, quando do regresso de seu passeio à Europa, após deixar o Governo. Chegando ao Rio, fui logo visitá-lo, como sempre fazia. Havia outras pessoas em sua casa e a conversa teve caráter geral, sem subir a temas reservados. À saída, disse-me ele que, no sábado (alguns dias mais tarde) iria ver-me em meu apartamento. Quis resistir, dizendo-lhe que a mim é que cabia este dever e que seria quase "subversão" da ordem, ir ele

Castello Branco: testemunhos de uma época   65

visitar-me. Insistiu, porém, sem permitir contradita: "Espere-me sábado à tarde, pelas 4 horas."

E lá chegou o presidente, dirigindo seu próprio automóvel e levando-me, como "lembrança de viagem" – duas garrafas do vinho *Traminer*. "Como sei que o senhor aprecia vinhos franceses, trouxe-lhe estes em minha bagagem", disse com a maior simplicidade, comprovando que a afeição, a bondade, a delicadeza de sentimentos, eram nele imposições de sua própria naturalidade, emanações incoercíveis de uma personalidade, aparentemente severa e fria, na realidade bem-humorada, maliciosa, plena de sensibilidade e de nobres emoções, além da invulgar cultura literária e bom-gosto por todas as manifestações de espírito.

Conversamos quase três horas. Estava eu, ainda, cheio de amargura com as primeiras medidas e manifestações do Governo Costa e Silva e desabafei para o marechal todas as minhas inquietações e temores.

Ele, porém, demonstrava tranqüila superioridade, tolerante e indulgente. Defendeu, comedidamente, o presidente Costa e Silva, até quando eu apontei, como atitude imperdoável, haver este nomeado Magalhães Pinto para integrar seu Governo, quando ele próprio, general Costa e Silva, havia denunciado o ex-governador de Minas Gerais por suas atitudes e atividades anti-revolucionárias, frontalmente contrárias ao presidente Castello Branco.

Nada perturbava, porém, a serenidade deste, naquela tarde de sábado, em meu apartamento. Desculpou seu sucessor e, como já referi, fez o possível para explicar as razões que o levavam a assim proceder.

Já no fim da tarde, quase 7 horas, quando fui levá-lo até seu carro, agradecendo-lhe a honra que me dera, disse-me, mais ou menos estas palavras, que foram as últimas que dele ouvi: – "Não se preocupe tanto, senador. Conheço bem o Costa; ele nada tem de pouco inteligente, como muitos pensam, e, sobretudo, não é homem de permitir que alguém lhe monte no pescoço. Quem o tentar, sofrerá as conseqüências, o senhor verá. Além disto é companheiro bom e leal." Parou um pouco e arrematou: – "O presidente está em lua-de-mel com o Governo. É natural que proceda muitas vezes em virtude disto. Mas até outubro ou novembro, o mais tardar, ele tomará ciência da realidade e forçosamente entrará no leito da Revolução. Fique certo."

Tenho meditado profundamente nestas palavras que, pelo tom em que foram proferidas, revelavam meditação e convicção. Muitas vezes, depois, tornei a me recordar delas, sem lhes encontrar explicação. E, infelizmente, não pude mais pedi-la ao marechal. Menos de uma semana mais tarde, ele seguiu para o seu Ceará e lá morreu, no céu, como devia ser.

Afetuoso abraço do amigo certo
e admirador, atenciosamente,
Mem de Sá

6. OSWALDO TRIGUEIRO

Prefeito de João Pessoa (1934–1937), governador do Estado da Paraíba (1947–1950), deputado federal pelo Estado da Paraíba (1951–1954), embaixador do Brasil na Indonésia (1954), procurador-geral da República (1964–1965), ministro do Supremo Tribunal Federal (1965–1975), presidente do Supremo Tribunal Federal (1969).

Em março de 1951, a Organização dos Estados Americanos promoveu uma reunião de consulta dos ministros de Relações Exteriores, por solicitação dos Estados Unidos, cujo governo receava a ampliação da guerra com a Coréia e precisava de uma manifestação coletiva da solidariedade continental. Estávamos no início do segundo governo de Getúlio Vargas, sendo chanceler João Neves da Fontoura, que, querendo demonstrar nossa unidade de vistas quanto à política externa, achou conveniente chegar a Washington acompanhado de representantes dos nossos maiores partidos. Como deputado pela UDN, fui designado para representá-la, substituindo Milton Campos, que não aceitou o encargo para o qual, muito justamente, fora lembrado em primeiro lugar.

Viajei para os Estados Unidos numa enorme comitiva, que lotou um avião especial, se bem que muitos dos seus integrantes viajassem sem ônus para o Tesouro. No dia seguinte ao da nossa chegada a Washington, a delegação brasileira reuniu-se para ser informada dos objetivos da missão e elaborar o plano dos trabalhos. Dentre os presentes – diplomatas, militares, economistas, assessores, secretários – eu somente conhecia os mais notórios e algumas antigas relações pessoais. Paulo Nogueira Filho, ao meu lado, ajudou-me a identificar os estranhos. A certa altura, indicando alguém que ocupava lugar na segunda fila, à nossa frente, perguntei-lhe discretamente: "Quem é aquele cabeça chata?" Respondeu-me: "O coronel Castello Branco, assessor do general. Serviu na FEB. É um dos sábios do Exército."

Fui-lhe apresentado, no mesmo dia e, durante nossa permanência em Washington, tivemos outros contatos, porém, sem maior aproximação.

Encerrados os trabalhos, que duraram uma semana, a delegação brasileira se dispersou e eu perdi de vista o coronel Castello Branco. Somente vim reencontrá-lo treze anos depois, quando ele, já marechal e presidente da República, me convocou para um cargo de confiança em seu governo.

O convite para a Procuradoria-Geral da República, que recebi por intermédio de Luiz Viana Filho, chefe do Gabinete Civil, apanhou-me de surpresa e causou-me grande indecisão. Eu estava, há três anos, advogando em Brasília, com relativo êxito, e ganhando mais do que poderia fazê-lo no serviço público. Havia deixado a política, desde 1954, com o propósito de a ela não retornar. O cargo de procurador-geral não é propriamente político, mas pressupõe inteira solidariedade com o governo, pelo menos na defesa de seus interesses junto ao Poder Judiciário. Além disso, ouvira de Hahnemann Guimarães, mais de uma vez, que a Procuradoria-Geral era o pior emprego da República.

Por todas essas razões, resolvi declinar do convite. Conversei longamente com Luiz Viana e pedi-lhe que transmitisse ao presidente os meus agradecimentos, com um apelo para que me dispensasse da honrosa convocação. No dia seguinte, o chefe da Casa Civil informou-me, por telefone, que o presidente não abria mão de meus serviços. Diante disso, resignei-me a mudar de vida, mais uma vez, e respondi que assumiria o cargo, logo que fosse publicado o ato de nomeação.

O presidente recebeu-me no mesmo dia. De início, em vez de perguntar pela minha saúde, indagou: "Como vai a sua Revista?" Referia-se à Revista Brasileira de Política Internacional, de que eu fora o primeiro diretor. A pergunta causou-me estranheza: era a primeira vez que, fora dos círculos do Itamarati e do jornalismo especializado, alguém revelava saber da existência daquela publicação. Pelo visto, estava na Presidência da República uma pessoa interessada pelo que ocorria além de nossas fronteiras. De certo modo, era uma novidade.

Essa primeira impressão foi um prenúncio do juízo que pude formar sobre a personalidade do presidente, nos dezoito meses em que exerci a Procuradoria-Geral. Nesse período, freqüentei o Palácio com assiduidade, compareci a numerosas cerimônias e reuniões sociais, e me entendi com o presidente, repetidamente, sobre assuntos de interesse da administração.

Em regra, o procurador não trata com o presidente, limitando-se a comunicar-se com o Governo através do ministro da Justiça. Mas, no primeiro governo da Revolução, as coisas se passavam de modo diferente. Castello Branco queria fazer uma revolução com o Congresso em pleno funcionamento, com a imprensa livre e com os Tribunais exercendo normalmente as suas atribuições. Disso resultavam as maiores dificuldades, que os bacharéis do Governo tinham que deslindar.

Além de procurador-geral, que é o agente de ligação entre o Governo e o Poder Judiciário, funcionei, junto à Presidência da República, como uma espécie de subconsultor para o trivial. O consultor-geral era Adroaldo da Costa, a quem todos dispensavam o apreço devido, por seus méritos e virtudes, e até por sua senioridade, pois era o decano do grupo governante. O consultor-geral estudava os assuntos submetidos ao seu exame, elaborava os seus pareceres e despachava semanalmente com o

Castello Branco: testemunhos de uma época 69

presidente. Mas, para os casos miúdos, ou que, por sua urgência não podiam aguardar parecer escrito, a Casa Civil e a Casa Militar achavam mais cômodo recorrer ao procurador, que era então vizinho do Palácio Presidencial, no outro lado da Praça dos Três Poderes.

Minha observação, quanto a Castello Branco, atesta que ele era um trabalhador infatigável, eficiente e muito organizado. Deve ter sido verdadeiramente exemplar, como oficial de Estado-Maior. Penso que poucos presidentes decidiam com tão seguro conhecimento de causa. É que ele estudava acuradamente todos os assuntos, lendo e anotando os papéis levados à sua apreciação. Depois de um longo dia de expediente cronometrado (8 às 12 e 14 às 18 horas) ele se recolhia ao Palácio da Alvorada, carregado de pastas, que examinava pela noite a dentro. Nada decidia, porém, sem o debate oral com os ministros e auxiliares, de forma minuciosa e exaustiva.

Como procurador-geral, fui convocado, muitas vezes, para, de viva voz, transmitir-lhe informações sobre os problemas em curso na área judiciária, e dar-lhe esclarecimentos sobre as implicações de natureza jurídica. Por igual, tomei parte em várias reuniões, para as quais eram convocados outros auxiliares. Na maioria dos casos, compareci como acompanhante do ministro da Justiça ou do chefe do Gabinete Civil. Mas, às vezes, o grupo era maior, incluindo o consultor-geral, os chefes da Casa Militar e do SNI e o diretor-geral do DASP. Nessas reuniões, o presidente era sobretudo objetivo. Não se perdia em divagações, nem deixava que os assuntos se misturassem. Depois da sabatina a que nos submetia, agradecia a nossa colaboração e dava a conversa por encerrada. Em nossa presença, nada resolvia. A palavra de ordem vinha depois.

* * *

Desde o meu primeiro contato com o presidente, tive a impressão de que ele exercia um ofício para o qual se preparara durante toda a vida. Mostrava-se ambientado, tranqüilo e consciente do dever a cumprir, sem a menor preocupação com a popularidade, que jamais cortejou. Está claro que, se tivesse censurado a imprensa e utilizado os métodos de propaganda que a técnica proporciona, ele teria sido um presidente popular. Mas, acima disso, respeitava a liberdade de crítica, e sua austeridade não toleraria que a imagem pessoal do chefe do Governo se convertesse em tema de montagem publicitária.

Castello Branco chegou à Presidência após longo tirocínio de funções militares, nas quais sempre se distinguiu pela vocação do comando. Mas, a sua transposição para a chefia civil, no posto que a Revolução lhe confiou, operou-se sem dificuldade ou desajustamento sensível. Durante mais de quarenta anos de caserna, desta jamais se afastara para qualquer missão civil ou aventura política. Penso mesmo que, antes de 1964, ele jamais conspirou. Na Presidência, como é óbvio, não poderia repudiar esse passado que, certamente, lhe condicionava a mentalidade e os hábitos de trabalho, do mesmo modo que influía em sua concepção dos deveres presidenciais. Mas a verdade é que, no exercício do Governo – enfrentando problemas agudos, tomando decisões corajosas, tratando, de manhã à noite, com senadores, deputados e homens de partido – ele revelou, inesperadamente, uma singular capacidade política.

Se Castello Branco não tivesse seguido a carreira militar, teria sido um dos grandes bacharéis da República. De um médico paraibano – tanto ou quanto desapontado, porque a Revolução não avançara até o extremo limite – ouvi, certa vez, que o único defeito de Castello Branco, como presidente, era sua preocupação com a memória de Rui Barbosa. Creio que nisso está talvez o maior elogio que se possa fazer a um presidente militar.

Os quarenta anos de impecável conduta disciplinar não impediram que Castello Branco fosse um dos líderes do movimento de 1964. Militar de país sul-americano, ele não podia ser indiferente ao determinismo que atribui às Forças Armadas a responsabilidade de tutelar as nossas frágeis instituições democráticas, nos momentos de crise. Estamos todos habituados ao conceito teórico de que tudo anda mal quando os militares se envolvem na política, e ao expediente prático de recorrer aos militares quando as coisas não vão bem. A experiência de Castello Branco resultou, assim, de contingências inelutáveis, que ele procurou atenuar – e certamente o conseguiu – com o espírito voltado para a ordem legal, com o propósito de preservar as instituições civis e com a firmeza com que procurou manter a estrutura jurídica tradicional.

Daí certas características marcantes de seu governo que, no cenário latino-americano, pareceram ilógicas ou paradoxais. Entre elas destacam-se a continuidade do Poder Legislativo, o respeito à liberdade de imprensa, e a inabalável decisão de não se perpetuar no Governo. A América Latina tem sido teatro de centenas de revoluções de maior ou menor profundidade. Não sei se, entre tantas, seria possível identificar uma só com aqueles requisitos, reveladores, em seu conjunto, do respeito à legalidade, que tem sido tão marcante na história de nosso país. Reveladores, por igual, da dignidade com que Castello Branco se conduziu, como líder, na conjuntura histórica de 1964.

* * *

No respeito ao princípio da divisão dos poderes, que é a pedra de toque do regime democrático, o Brasil não tem tido mais êxito do que os países da América Latina em geral. A primeira assembléia que tivemos foi dissolvida, em 1823, a bem dizer antes de iniciar sua função específica, porque ainda entregue à tarefa constituinte. Esse exemplo prosperou e foi repetido, como solução natural, sempre que o Governo mudou por forma violenta (1889, 1930 e 1937).

Castello Branco: testemunhos de uma época   71

A instituição da República acarretou o fechamento da Assembléia Nacional. O novo regime, logo depois de implantado, convocou outra Constituinte que, depois de elaborar a Constituição, se converteu em legislatura ordinária. Foi também dissolvida a 3 de novembro de 1891. É certo que, dessa vez, o Congresso se salvou, mas isso se deveu menos à sua resistência do que à revolta militar que derrubou o primeiro presidente.

Em 1930, a primeira coisa de que a Revolução se lembrou foi fechar Senado e Câmara e atribuir, ao chefe do Governo Provisório, o pleno exercício da função legislativa. Nos quinze anos do primeiro governo de Getúlio Vargas – abstraindo-se o período exclusivamente constituinte – o Congresso Nacional funcionou apenas por dois anos e meio, na breve vigência da Constituição de 1934. Sem jamais ter entrado em choque com o presidente de então, a quem nada negou, o Poder Legislativo foi novamente suprimido, em 1937, e somente restaurado oito anos depois.

Assim, a dissolução do Congresso, em 1964, teria em seu favor a doutrina continental predominante e a força dos precedentes. Mas a Revolução vitoriosa, que Castello Branco encarnou desde a primeira hora, resolveu manter um Congresso cuja maioria, formada pelo PSD, PTB e partidos menores, apoiara o Governo decaído. As correntes militares, como os meios civis, teriam aceito, de bom grado, a dissolução do Poder Legislativo, que ficaria em férias até a promulgação de nova Constituição e a subseqüente realização de eleições gerais. Nem teria sido impossível a concessão, ao presidente revolucionário, de plenos poderes, por ato do próprio Congresso, o que na prática, como ocorreu na França, com De Gaulle, importaria a mesma coisa.

A fórmula que prevaleceu oferecia dificuldades enormes e era de êxito problemático. Esse êxito sem dúvida se materializou, mas talvez não tivesse ocorrido sem a presença, no Governo, do marechal Castello Branco, com suas qualidades de líder e com a nítida vocação política que logo revelou. De todo modo, o que a princípio pareceu um erro ou uma temeridade, representou, afinal, um benefício positivo. Porque permitiu a sobrevivência formal da Constituição, num país em que, pelo seu grau de desenvolvimento cultural, já é imprescindível que o Governo se apresente com um mínimo de legitimação democrática. Não será desarrazoado presumir-se que a dissolução inicial do Poder Legislativo poderia retardar indefinidamente a volta à legalidade, coisa que o radicalismo de certos setores revolucionários facilmente conseguiria. Por esse caminho, teríamos possivelmente chegado a um impasse do qual, como ocorreu depois de 1930 e como se demonstra com o atual exemplo argentino, não se sai com facilidade.

Dir-se-á que os métodos da cirurgia revolucionária exercem um poder de coerção, a que os meios políticos não tinham como resistir. Mas para o Congresso, como para as assembléias estaduais, essa intimidação durou menos de três meses. E, se é certo que os poderes excepcionais

72   Oswaldo Trigueiro

foram restabelecidos dezoito meses depois, não é menos certo que o Ato Institucional nº 2 foi dirigido menos contra os adversários do Governo do que contra setores revolucionários intransigentes, que queriam impedir a posse dos governadores eleitos pela oposição. Ainda nessa aparente marcha à ré, Castello Branco revelou sua firmeza de princípios, e sua correção em respeitar o resultado das urnas.

O primeiro governo revolucionário, de todo o modo, realizou reformas profundas, tanto no plano político como na ordem administrativa, e o fez com a colaboração de um Congresso não eleito pela Revolução, mas que ele conquistou menos pela intimidação militar do que pela persuasão, pela autoridade moral, pelo espírito público.

Para sobreviver ao terremoto de 1964, o Congresso, decerto, pagou um pesado tributo. Mas sobreviveu, o que em política é de transcendente importância. E, como quer que seja, com Castello Branco, ele não foi menos independente do que na Primeira República. Não se tornou mero ornato na fachada do regime. Permaneceu como corpo legislativo participante de decisões que mudaram a face do País, e tinha consciência dessa participação. Quem não se apercebeu disso, ao tempo dele, terá tido oportunidade, depois, de abrir os olhos diante de outra realidade. Com Castello Branco, o Congresso sofreu restrições, transigiu, contemporizou, adaptou-se. Mas depois, já eleito pela Revolução e pelo partido por ela criado, o Poder Legislativo sofreu prolongado eclipse, dele emergindo em condições de extrema debilidade.

* * *

O governo revolucionário instalado em 1964 distinguiu-se também por sua atitude para com a imprensa. Nos quase três anos de mandato, Castello Branco realizou um amplo programa de reformas, que desagradou numerosos setores de opinião. Esse programa encontrou persistente oposição, mas o governo o realizou com firmeza, sem impor restrições à liberdade de informação e de crítica.

As leis, entre nós, sempre consagraram a liberdade de imprensa, com uma largueza talvez não excedida em qualquer país civilizado. Mas essa liberdade, sujeita a excessos imperdoáveis, tem sofrido freqüentes colapsos. Na Primeira República, as crises maiores, em quase todos os governos, foram resolvidas sob estado de sítio que, antes de tudo, significava, o controle de imprensa. Os nossos governantes sempre compreenderam, instintivamente, que a imprensa livre, entre nós, pode mudar o curso da história. Washington Luís, que respeitou essa liberdade, de maneira impecável, até 3 de outubro de 1930, terá tido nessa atitude uma das causas de sua queda. Getúlio Vargas, que chegou ao governo como porta-bandeira de uma revolução liberal, preferiu seguir o exemplo de Artur Bernardes, em cujo governo a liberdade de imprensa durou apenas seis meses. Nos quinze anos que decorreram de 1930 a 1945, nossa

Castello Branco: testemunhos de uma época 73

imprensa só foi efetivamente livre nos quinze meses que mediaram entre a promulgação da Constituição de 1934 e o levante comunista de novembro de 1935.

Pelas implicações de caráter social, pela amplitude das reformas, pela radicalização ideológica, a Revolução de 1964 foi talvez mais profunda que a de 1889 ou a de 1930. Ela somente poderia ter o êxito que teve se contasse com um governo forte, coisa que entre nós sempre se considerou incompatível com a livre crítica. Que Castello Branco se desse ao luxo de fazer uma revolução desse gênero sem censurar os jornais, era uma ousadia que poucos o aconselhariam a praticar. Mas, assim procedendo, ele não só se revelou coerente com o seu respeito à ordem legal, como demonstrou, praticamente, que o bom governo resiste à imprensa livre.

É verdade que, já no final do mandato – quer dizer, quando não lhe daria qualquer proveito – Castello Branco editou nova lei de imprensa. Mas esta, como as anteriores, logo se mostrou inócua, porque ainda não houve quem descobrisse o meio de fazer com que a Justiça julgue crime de imprensa, antes da prescrição. Isso nos impede de romper o círculo vicioso em que se debate nossa intermitente democracia: como a imprensa livre pode derrubar o governo, este costuma antecipar-se e suprime a imprensa livre. Nesse particular Castello Branco deu-nos um exemplo corajoso e que pode no futuro frutificar: um governo de grande autoridade moral pode conviver com a liberdade de pensamento.

* * *

Vitoriosa a Revolução de 1964, os precedentes republicanos estavam a indicar a forma de provimento da Presidência da República. Como ocorreu em 1889, em 1930 e em 1945, o governo teria que ser confiado a um chefe provisório, elegendo-se o presidente definitivo após a reconstitucionalização. Em 1964, porém, adotou-se fórmula diversa: elegeu-se de início novo presidente, para terminar o mandato interrompido, e para governar dentro da Constituição vigorante. Disso resultou o paradoxo de escolher-se um presidente revolucionário para um governo constitucional de vinte meses, o que o enfraquecia duplamente: pela exigüidade do mandato e pela imediata reabertura do problema da sucessão, fonte de todos os perigos. Somente pela Emenda Constitucional nº 9 é que o primeiro período presidencial foi prorrogado até 15 de março de 1967, o que lhe deu uma duração total de dois anos e onze meses. Dessa forma, o mandato presidencial de Castello Branco foi o mais breve de toda a história da República.

Essa solução, possivelmente, não foi a mais sábia e, na opinião de muitos contemporâneos, terá sido funesta. Ela abreviou um bom governo e antecipou uma sucessão que não foi feliz. A certeza prévia de que Castello Branco não seria reeleito não somente lhe enfraquecia a autoridade política, como reabria prematuramente o jogo da sucessão, com as dificuldades inerentes.

É fora de dúvida que a nação aceitaria, como coisa normal e razoável, que o presidente da Revolução terminasse o período de Jânio Quadros e se elegesse para o qüinqüênio subseqüente. Ou, pelo menos, que, de início, se elegesse para um mandato de cinco anos, embora sem possibilidade de reeleição. Mas os escrúpulos de Castello Branco levaram-no a repelir qualquer dessas soluções. A essa obstinação, exclusivamente, deveu-se a norma proibitiva de sua reeleição, por ele próprio redigida, tal como consta do art. 26, parágrafo único, do Ato Institucional nº 2.

O presidente costumava dizer que os cemitérios estão cheios de mortos insubstituíveis. Firmemente, recusou-se a figurar entre eles. Com isso, dava uma prova de sua sinceridade e de seu pendor legalista, certamente incompatível com a perpetuidade no governo, que é o traço mais repugnante do cesarismo latino-americano. No seu espírito arguto estavam decerto presentes vários exemplos expressivos, a começar pelo de Getúlio Vargas que, além de contrariar a tradição republicana, teve final de tragédia.

Nesse ponto, como em tantos outros, o comportamento da Revolução admite certa diversidade interpretativa. Mas é fora de toda dúvida que Castello Branco – resolutamente, obstinadamente, intransigentemente – recusou mandato mais extenso, ou a renovação desse mandato, quando isso lhe era oferecido pelas forças revolucionárias, com a aceitação tácita da maioria da nação, e creio que até mesmo com a simpatia de setores oposicionistas. Porque estes tinham clarividência bastante para evocar o apólogo do tirano de Siracusa, e presumir que dificilmente o País encontraria outro presidente de origem militar que tivesse melhor compreensão do mundo civil. Por outras palavras, muitos percebiam que não seria fácil recrutar outro presidente – fosse militar, fosse civil – que reunisse a austeridade, a respeitabilidade, a capacidade intelectual, aliadas ao senso administrativo e à vocação política que coexistiam na personalidade de Castello Branco.

* * *

"Se o patriotismo, a compostura moral, o êxito administrativo podem assinalar um grande governo, não será exagerado dizer-se que Castello Branco foi um grande presidente." Nos últimos tempos, a austeridade na vida pública tem perdido muito de seu antigo prestígio. Por toda parte, a desenvoltura dos costumes, a demagogia, a atração da popularidade, têm tornado menos rigorosos os critérios de aferição da qualidade moral dos homens de governo. Em muitos países, a nova classe política está se tornando perdulária e mais pesada aos cofres públicos do que a antiga

Castello Branco: testemunhos de uma época

nobreza. São incontáveis os exemplos dos que entram pobres para o governo e dele saem na mais ostensiva prosperidade ou, pelo menos, com os filhos e genros muito bem empregados. A pobreza, de há muito, deixou de ser título de glória na vida pública.

Nisso, Castello Branco era antiquado. Homem de probidade insuspeitável, conduziu-se com circunspecção pessoal não ultrapassada por qualquer de seus antecessores, nos velhos tempos. De seu governo pode-se dizer, literalmente, que não teve copa e cozinha. Que me conste, não empregou parente nem aderente. Em viuvez recente, vivia sem acompanhantes, no Palácio da Alvorada, que é, ao mesmo tempo, uma jóia de arquitetura moderna e um dos lugares mais tristes do País. A filha casada, que fazia as vezes de primeira-dama, morava numa casa de madeira, construída pela Novacap, num acampamento de construção. O filho, oficial da Marinha que, quando o pai foi eleito, fazia um curso nos Estados Unidos, continuou com os estudos, como se nada houvesse acontecido na família. Se trocou a carreira militar pela dos negócios, somente o fez anos depois da morte do pai. Tendo um irmão, funcionário da Fazenda, recebido um presente dos colegas de repartição, o presidente demitiu-o, sem demora, da comissão que exercia. No seu governo, o filho não foi promovido. E saiu da Presidência – *mirabile dictu* – deixando o genro desempregado.

* * *

Sob o aspecto intelectual, penso igualmente que Castello Branco tem direito a lugar preeminente na galeria de nossos homens de governo. Ele era realmente um militar ilustre, e não apenas um profissional de bom preparo. Tinha o gosto da leitura, escrevia bem, falava francês de boa qualidade, e tinha pela vida intelectual apreço não menor que o que lhe merecia a política civil. Dentre quantos passaram pelo governo do país, ele figura, sem favor, ao lado dos de maior porte intelectual. Certamente, não pode ser comparado a Epitácio Pessoa, em talento oratório ou em cultura jurídica. Mas, consideradas as mudanças dos tempos, parece certo que Castello Branco lhe era superior em cultura geral e no conhecimento dos problemas nacionais.

Quando no governo, manifestou o maior apreço pelos homens de inteligência, dando-lhes evidente prioridade no recrutamento de seus auxiliares. É bem verdade que, como chefe de uma revolução, ele tinha mais liberdade de escolha do que os presidentes eleitos pelo voto popular, que chegavam ao poder atados por compromissos de toda sorte. Se é certo que Castello Branco organizou o seu quadro de secretários sem injunções dessa ordem, não é menos certo que o fez sem qualquer preocupação regionalista e sem atender a critério de amizade ou gratidão pessoal. Basta considerar que ao chefe do Gabinete Civil, Luiz Viana Filho, e ao primeiro

76 Oswaldo Trigueiro

secretário particular, Eugênio Gomes, ele somente veio a conhecer, pessoalmente, depois que os escolhera para aqueles cargos.

Quanto ao Ministério, pode-se dizer que foi um dos de mais alto coeficiente intelectual em toda a vida da República. Realmente, não será fácil encontrar-se outro governo que haja ostentado uma plêiade tão qualificada como essa de que participaram Juarez Távora, Ernesto Geisel e Golbery do Couto e Silva, entre os militares; Milton Campos, Luiz Viana, Roberto Campos, Otávio Gouveia de Bulhões, Vasco Leitão da Cunha e Mem de Sá, entre os civis. Está claro que isso não significa que os intelectuais sejam necessariamente os melhores ministros, nem que os de Castello Branco hajam sido todos bem-sucedidos. Mas a verdade é que ele considerava a inteligência como requisito primacial e isso o levou a fazer escolhas felizes, que certamente contribuíram para a profícua administração que pôde realizar.

A essa característica intelectual aliavam-se outros atributos que certamente concorreram para o êxito do governo: a capacidade de trabalho, o senso administrativo, a coragem de reformar, o absoluto desdém da popularidade. Quanto a esta, parecia-lhe desnecessário que o governo, empenhado em tarefa de construção revolucionária, se preocupasse em cortejar a opinião pública, hoje tão fácil de conquistar através das técnicas de comunicação de massas. O que demonstra que ele não tinha alma de ditador, porque os ditadores em geral amam a popularidade, e nela costumam investir apreciável parcela dos dinheiros do povo.

Castello Branco era modesto, afável, muito educado, mas não era pessoa de fácil familiaridade. Tratava bem os amigos e auxiliares, mas mantinha a distância indispensável ao resguardo da autoridade. Ao que ouvi dizer, era cerimonioso com os auxiliares menos jovens, como Juarez Távora, que o precedia no almanaque do Exército, e Oswaldo Cordeiro de Farias, que fora seu superior na campanha da Itália. A essa natural respeitabilidade, juntava uma simplicidade que não é comum nas alturas do poder. Quando no Rio de Janeiro, ia freqüentemente ao teatro, sozinho, como qualquer espectador pagante. Aceitava convites dos amigos e auxiliares, e almoçava e jantava, freqüentemente, em casa deles. Fora do expediente ou dos atos oficiais, transportava-se, sem qualquer aparato, sozinho, em automóvel de chapa particular. É verdade que isso ocorria antes da época dos seqüestros, quando o sistema de segurança ainda não tinha motivos para as cautelas que, depois, se tornaram tão rigorosas. De qualquer modo, porém, o fato demonstra o pouco caso em que Castello Branco tinha as exterioridades do poder.

* * *

De Getúlio Vargas conta-se que, como presidente, nunca fez uso do telefone. A versão deve ser exata, porque nunca ouvi dizer de alguém que

Castello Branco: testemunhos de uma época

com ele se houvesse comunicado por esse meio. Nisso, Castello Branco era o antípoda de Vargas: telefonava a todo propósito e a todo mundo, dentro ou fora do expediente. Talvez não haja exagero em se dizer que ele teve nð telefone um dos instrumentos que mais contribuíram para a eficiência de sua gestão. Pelo telefone ele expedia ordens, pedia informações, dava esclarecimentos aos jornalistas, mantinha relações sociais.

Poucos dias depois de minha posse como procurador-geral, ele me telefonou pessoalmente, convidando-me para almoçar em Palácio. Certa vez telefonou-me da Guanabara, para informar-se de assunto pendente de decisão do Supremo Tribunal. De outra feita, tendo eu falado ao oficial de dia, pedindo-lhe que lhe transmitisse uma informação, ele veio ao telefone para inteirar-se do assunto. Quando meu sogro faleceu, em Teófilo Ottoni, o presidente soube que, para ir ao enterro, eu teria de viajar dezesseis horas de automóvel. Telefonou-me para dar pêsames e informar que um transporte da FAB estava à minha disposição.

※ ※ ※

Reconheço que nem todos os contemporâneos estarão de acordo com estas minhas impressões. Poderão tê-las como exageradas, escritas que são por um antigo auxiliar de Castello Branco, ligado à sua memória até por deveres de gratidão. Isso é verdade. Mas este meu depoimento, prestado vários anos depois de sua morte, já não tem a quem agradar. Se ele não é imparcial, é todavia sincero e desapaixonado e resulta da atenta observação das pessoas e dos acontecimentos, sob a inspiração do velho princípio de que se pode ser amigo de Platão, sem deixar de ser amigo da verdade.

Quando ele me nomeou para a Procuradoria-Geral, certamente o fez tendo em vista as informações de seus auxiliares, presunção a que associo – por adivinhação, porque eles nunca me falaram nisso – os nomes de Milton Campos, Luiz Viana e Paulo Sarasate. Ainda não éramos amigos, mas simples conhecidos, que não se viam há muitos anos. Quando me convidou para o Supremo Tribunal, decerto terá considerado a tradição de premiar-se com essa honraria os que serviram na Procuradoria-Geral. Nem por isso sua lembrança me surpreendeu menos, porque nada lhe pedi, nem soube que alguém o fizesse em meu favor. A não nomeação do procurador, para eventual vaga no Supremo Tribunal, não importa em preterição. Mas eu fui nomeado numa oportunidade em que havia cinco vagas a preencher. Depois de minha posse, observou-me um amigo que o presidente não estava na obrigação de nomear-me. Mas ressaltou que, se nomeasse cinco ministros novos, sem se lembrar do procurador-geral, certamente não estaria dando a este um atestado de bons serviços.

Depois que entrei para o Supremo Tribunal, raras vezes vi o presidente, numa ou noutra cerimônia ou em reuniões sociais. Como magistrado, já não tinha o que fazer em Palácio. Somente o convidei para jantar em minha casa na última semana do governo, circunstância a que ele delicadamente aludiu, ao despedir-se. Estive presente ao ato de transmissão da Presidência e fui abraçá-lo no aeroporto, quando ele deixou Brasília. Nunca mais o vi.

Em junho de 1967, passei pelo Rio de Janeiro, a caminho da Europa, onde ele então se encontrava. Quando cheguei à Itália, soube que ele já havia regressado ao Brasil. Dias depois, em Milão, tive a brutal notícia do acidente que lhe custou a vida. Na semana seguinte, em Paris, assisti à missa de *requiem* que o embaixador Bilac Pinto mandou celebrar, na Igreja de Saint Pierre de Chaillot.

Por essa época, na Europa, a imagem do Brasil, que nunca foi grande coisa, estava em franco desfavor. Para a opinião esquerdizante, o Brasil vivia sob o guante do militarismo que infelicita a América do Sul, coisa que os europeus, sempre tão mal informados, consideram pior do que o despotismo das democracias populares ou a incorrigível desordem do Oriente Médio. Mas os governos e as classes responsáveis sempre souberam distinguir e jamais poderiam confundir um chefe de governo da categoria moral de Castello Branco com os autocratas, deste ou daquele continente, que se perpetuam no governo ou dele saem como grandes depositantes dos bancos suíços.

No *Corriere della Sera*, de Milão, Indro Montanelli escreveu, a propósito do desaparecimento de Castello Branco, um artigo ponderado e esclarecedor. Analisou-lhe a personalidade invulgar e realçou o irrecusável êxito de seu governo. Concluiu declarando-se contrário a toda espécie de ditadura, e fazendo votos por que o seu país se mantivesse para sempre na senda do governo democrático. Mas, se o destino ainda reservasse à Itália outra experiência de governo forte, seria para ela uma felicidade ter um ditador do estofo de Castello Branco.

Isso que Montanelli almejava para a Itália temos melhores razões para desejar ao Brasil. Não sei se Castello Branco pode ser classificado como ditador. Em caso afirmativo, ele terá prestado imenso serviço à classe, por demonstrar que ela não é incompatível com o patriotismo, a inteligência e a dignidade, postos a serviço do bem comum. Decerto, para o Brasil, como para a Itália, o melhor é não ter ditadores. Mas, como ainda não estamos seguros dessa premonição, seria o caso de procurarmos uma fórmula que, nas revoluções futuras, obrigasse os nossos eventuais ditadores a se inspirarem no paradigma que Castello Branco construiu para a posteridade.

7. PEDRO ALEIXO

Deputado Federal pelo Estado de Minas Gerais (1933, 34, 37, 59, 67), deputado à Assembléia Nacional Constituinte (1933-1934), presidente da Câmara dos Deputados (1937), líder do Governo (1936, 61, 64, 66) e líder da Oposição na Câmara dos Deputados (1961-1964), ministro da Educação e Cultura (1966), vice-presidente da República (1967-1969).

Meu caro Luiz Viana

Saudações cordiais.

Passo a fazer a desejada complementação do relatório verbal.

Quando ficou deliberado que se fizesse a consolidação das Emendas Constitucionais, aprovadas durante os anos de 64, 65 e 66, a fórmula adotada foi a da remessa de um projeto ao Congresso Nacional, a fim de que se providenciasse, ainda no governo do presidente Castello Branco, a discussão, aprovação e promulgação do texto consolidado. Para se conseguir a solução pretendida, tornou-se necessária a promulgação de um Ato Complementar e a convocação do Congresso, cujo recesso havia sido decretado em conseqüência das atitudes assumidas com o apoio e a iniciativa do Adauto.

Feita a convocação, elementos oposicionistas iniciaram intensa campanha não somente contra o mérito do Projeto mas, principalmente, contra o critério que fora adotado e até mesmo a competência dos deputados e senadores para a votação da reforma. Desde logo ficou evidenciado que a oposição estava contando com a solidariedade do presidente do Congresso, Auro de Moura Andrade, que armou a mais terrível resistência ao plano do Governo. Tivemos que adotar medidas defensivas e, especialmente, desfazer a impressão que procuravam dar de que o Governo queria impor uma reforma sem permitir que ela fosse convenientemente discutida. Sobre o assunto, escrevi o que pode ser lido na introdução dos *Anais*, cuja publicação se fez por iniciativa do deputado José Bonifácio . Se você não tiver a publicação, poderá obtê-la facilmente na secretaria-geral da Presidência da Câmara dos Deputados.

Anotemos o empenho que pôs o Auro em deixar o Governo desprestigiado, quer aceitando todas as críticas e censuras da imprensa oposicionista, quer suscitando, sugerindo e decidindo as mais diversas

80 Pedro Aleixo

questões de ordem (estar o vice-presidente eleito presidindo a Comissão de Reforma Constitucional; organizando um calendário cuja observância poderia trazer, como conseqüência, a não apreciação, por parte do plenário, das Emendas oferecidas ao Projeto; a tentativa de fazer com que prevalecesse o parecer da Comissão, independentemente de voto do Plenário, embora fosse notória a combinação entre as lideranças de que muitas das Emendas, declaradas com parecer favorável, deveriam ser rejeitadas pela maioria da Câmara e do Senado; a deliberação de que ficava a redação final sujeita ao voto do plenário, para o que se faria necessário tempo, que só seria conseguido com o expediente escandaloso da paralisação dos relógios da Casa, quando o certo é que o texto a ser promulgado seria de acordo com o redigido pela própria Comissão).

O presidente Castello Branco, segundo ficou sabido, em círculos oficiais, havia feito ao Adauto um convite para um lugar de ministro do Supremo Tribunal Federal ou, pelo menos, havia em conversa deixado entender que gostaria de preencher a próxima vaga do Supremo com o nome do Adauto. Depois disso, entretanto, o Adauto, quando o presidente Castello Branco cassou o mandato de cinco deputados, concedeu entrevista dizendo que o presidente Castello declarara a ele que não se utilizaria da faculdade concedida no AI-2, de cassar mandatos de parlamentares. Parece-me certo que houve um equívoco e que o Adauto não teria compreendido bem alguma declaração do presidente sobre a matéria. De qualquer modo, em face dos decretos de cassações, o Adauto resolveu convocar a Câmara dos Deputados, que gerou um conflito entre a Câmara e o presidente Castello Branco. A oposição demorou muito a corresponder ao chamado de Adauto e, quando o fez, permitindo que houvesse número, assumiu atitude de manifesta rebeldia, inclusive fazendo constar que ficaria em sessão permanente e que não acatava o decreto de cassação dos deputados. Foi, então, que o presidente Castello Branco decretou o recesso do Congresso. Em conseqüência deste ato, Adauto renunciou à Presidência da Câmara.

Quando foi convocado o Congresso para elaborar a reforma constitucional, o Adauto aceitou o lugar de representante do partido situacionista na Comissão incumbida de dar parecer sobre a reforma e foi designado relator do capítulo do Poder Judiciário. Desempenhou-se na missão com a proficiência conhecida.

Ao fazer, para o presidente Castello Branco, uma exposição sobre os trabalhos da reforma constitucional, julguei ser meu dever destacar as colaborações mais eficientes que eu vinha recebendo e, entre elas, indiquei a do Adauto, o que propiciou a oportunidade do presidente declarar que desejara aproveitar o Adauto no Supremo Tribunal Federal, mas estava hesitando em fazê-lo porque receava não haver da parte do próprio Adauto a devida compreensão. Dias depois, o presidente Castello Branco, em telefonema, perguntou-me se eu considerava que ele podia

Castello Branco: testemunhos de uma época

oficializar o convite ao Adauto para a cadeira do Supremo. A minha resposta foi afirmativa. No mesmo dia, o Adauto me deu notícia de que havia sido convidado, o que ele reputava mais uma demonstração da superioridade com que o presidente Castello costumava agir nas mais delicadas questões.

Confirmo o que lhe disse a propósito da sucessão presidencial: pareceu-me que o presidente Castello desejava que o problema não fosse posto na ocasião em que começou a ser agitado. Pronunciando-me sobre a matéria, opinei por ser indispensável que os revolucionários não oferecessem qualquer brecha que permitisse a penetração dos adversários ou a interrupção da realização dos objetivos da Revolução. Sendo assim, qualquer impugnação à candidatura Costa e Silva poderia ser utilizada como meio de divisão das forças situacionistas.

Não acompanhei os entendimentos que se fizeram para escolha do candidato a vice-presidente. O que posso informar a respeito é que começaram a chegar ao meu conhecimento informações de que meu nome estava sendo objeto de cogitação. Em certo dia, quando eu despachava com o presidente Castello Branco os processos do MEC, ele tomou a iniciativa de dizer que recebia com muito agrado a indicação do meu nome para companheiro de chapa de Costa e Silva.

Creio que você está devidamente habilitado para falar sobre a intervenção do presidente Castello Branco na elaboração do projeto constitucional e na apreciação das emendas procedentes do Congresso. É importante salientar que foi graças à intervenção do presidente que se chegou à conclusão de substituir todos os dispositivos sobre direitos e garantias da pessoa humana, constantes do projeto e redigidos pelo ministro Carlos Medeiros, pelos dispositivos liberais e acordes com a tradição brasileira, que acabaram figurando na Constituição de 67. A redação dos dispositivos finais foi feita pelo Afonso Arinos, mas é preciso que não se dêem honras de vitória sobre o presidente a quem quer que seja, pois a mim ele declarou que reputava indispensável manter-se a tradição.

Fico à sua disposição para qualquer outra informação.

Um grande abraço do seu velho companheiro e amigo

Pedro Aleixo

8. RAIMUNDO PADILHA

Deputado Federal pelo Estado do Rio de Janeiro de 1950 a 1966, líder do governo Castello Branco na Câmara dos Deputados (1966), governador do Estado do Rio de Janeiro (1971-1975).

Meu caro Luiz Viana Filho:

Atendo, com particular alegria, a seu apelo para que registre meu testemunho acerca do convívio, pessoal e político, que mantive com o presidente Castello Branco, durante o período em que exerci o cargo de líder do seu Governo na Câmara dos Deputados.

Você e alguns outros colaboradores do grande presidente estarão, entretanto, em melhor posição do que o signatário para narrar aspectos enriquecidos de fatos eventualmente coloridos, do convívio com Castello Branco, pela circunstância mesma de que com ele privaram mais intimamente. Não me furtaria, porém, a realçar alguns traços que emergiram ao longo de nossas conversas – das conversas entre o presidente e o seu líder na Câmara – marcadas invariavelmente pela objetividade, em vista da urgência dos assuntos que os animavam, em fase tão delicada da nossa recente história política.

Traços característicos de Castello eram a sua ágil inteligência; sua polidez jamais quebrada; sua paciência no ouvir; sua obstinação em atingir alvos procurados; sua plácida coragem; seu autocontrole. Tudo isso a serviço de inigualável patriotismo. Mas apraz-me acrescentar isto: homem austero e de escasso riso, possuía, contudo, agudo senso de humor, que aflorava num verbo ou num substantivo imprevistos, por vezes na original intitulação de algum homem público, proferida em tom sério, sem interrupção da frase, sem a busca, em suma, do efeito cômico. Saliento esse último traço para que a conhecida sobriedade de Castello não conduza, pela insistência com que é proclamada, ao erro de supor-se que se tratasse de um homem casmurro, com quem o diálogo transcorresse monocórdio.

Como deixei explícito, não nos tratávamos com intimidade, sequer com a intimidade que o seu temperamento dominantemente reservado permitisse. Diárias eram, todavia, as nossas palestras, muitas vezes iniciadas bem cedo pela manhã, quando, ao telefone, ouvia eu, em minha casa, o conhecido: "É o presidente". Nossas palestras versavam sobre a marcha do trabalho legislativo e sobre temas políticos. Muito metódico, Castello tudo desejava saber do que ocorria na Câmara, no que denotava, de um lado, seu respeito pela instituição parlamentar e, de outro, sua atenção ao dia-a-dia da atividade legislativa. Não apenas solicitava esclarecimentos sobre os projetos de mais alto interesse para o Governo, mas ainda lhe sobrava curiosidade para conhecer o alcance de matéria relativamente menos importante. Seus telefonemas para a minha residência ou para a Câmara repetiam-se três, quatro, cinco vezes por dia e raramente iam além dos motivos que os determinassem.

Creio que ambos sabíamos divergir. Lembro-me – e o registrei em meu necrológio do presidente, na Câmara – de que recebi singular manifestação de amabilidade de Castello na ocasião em que dele divergi, pela primeira vez, sobre assunto legislativo. Cedeu ele algumas vezes; cedi eu, outras; e essas circunstâncias nunca interferiram na cordialidade das nossas relações. Diria mesmo que lhe serviram de estímulo.

Sublinho o fato de que o altíssimo patriotismo de Castello não deixava espaço para a busca da popularidade. Realmente, jamais a buscou através de sua ação de estadista, cônscio dos seus deveres. Visava antes ao respeito dos brasileiros, que cedo conseguiu granjear, menos pelas suas manifestações diretas do que pelas medidas saneadoras e criadoras, a um tempo, que os seus atos constituíram.

Castello tinha os olhos postos na História. Pareceu-me sempre diminuto o seu interesse pelo juízo que sobre sua pessoa, faziam os contemporâneos. Talvez esse "senso histórico" tenha sido responsável pela autolimitação que se impôs no exercício do mandato presidencial e, nesse caso, de um lado, o democrata que era se patenteou aos olhos da Nação, de outro, aquela autolimitação trouxe algumas dificuldades à marcha normal do processo revolucionário, felizmente corrigida depois. Exatamente essa fixação na História levou não poucos observadores à falsa conclusão de que Castello fosse um frio cientista político, uma inteligência comandando gelidamente o laboratório governamental. A realidade, porém, é que o presidente Castello Branco, indiferente à popularidade, quis alcançar, por mercê do respeito, a estima pública. Não mais. Desprezou os aplausos, preferindo que em seu lugar viesse a compreensão do povo para com as suas ações – impessoais todas, voltadas ao bem comum, ao futuro.

Estou certo de que ao respeito de que desfruta a memória do grande brasileiro sucederá a estima a que faz jus Castello Branco por sua extraordinária obra de estadista, da parte de todo o povo deste País.

Aí estão, meu caro amigo, em poucas linhas, algumas impressões, certos juízos e uma profecia acerca do presidente Castello Branco. As emoções que me provocaram o seu prematuro e trágico desaparecimento, deixo-as cá dentro.

Vai aqui o fraternal abraço do seu amigo e admirador

Raimundo Padilha

9. ROBERTO DE ABREU SODRÉ

Deputado Estadual pelo Estado de S. Paulo (1951), presidente da Assembléia Legislativa de S. Paulo, governador do Estado de S. Paulo (1966), ministro das Relações Exteriores.

Meu caro Luiz Viana

Parabéns pela sua iniciativa. Se alguém, no Brasil, deve ter sua vida relembrada, este é o presidente Castello Branco. O seu biógrafo tinha de ser aquele que o serviu, com dedicação, servindo o País.

Ele iniciou uma nova e importante fase político-administrativa no Brasil, cujos primeiros resultados hoje podem ser constatados de forma promissora.

A análise que se pode fazer da Revolução de 1964 só se tornou possível com os resultados que hoje estamos verificando e que foram implantados pelo primeiro presidente da Revolução.

Devem-se ao presidente Castello e à sua corajosa e firme atitude, com o objetivo renovador, que exigiu atos impopulares que ele soube praticar, até com exagerada aceitação da impopularidade os resultados positivos de hoje. Essa atitude, firme e necessária, permitiu que a Revolução tivesse os desdobramentos que se vem notando, tudo porque teve um início certo, corajoso e um condutor de extraordinária visão do futuro brasileiro.

Para afirmarmos que isto é certo, devemos olhar para as nossas revoluções, agora mais recentemente, na América Latina, e verificar que todas elas pouco ou quase nada renovaram. Foi o sentido pioneiro e a extraordinária autoridade do presidente Castello que criou o hoje chamado "Modelo Brasileiro".

A minha colaboração ao trabalho não pode ser grande, apesar de ter sido testemunha de muitos fatos desse período da história brasileira.

Sem vocação para historiador e sem ter tido a preocupação de fazer um arquivo, guardei os fatos na memória, que só foram confrontados com os poucos documentos que me restam de meu pobre registro.

Recorri, para escrever esta carta, a amigos e correligionários nossos, que nos acompanharam nesse período, como: José Henrique Turner, Onadyr Marcondes, Nélson Pereira e Oscar Segall.

86 Roberto de Abreu Sodré

Com eles troquei reminiscências dessa época tão recente, mas que já parece remota e, da troca de lembranças, tentarei responder a seus quesitos para a elaboração da biografia do presidente Castello Branco.

A – *"Problema Carlos Lacerda. Pretensão deste a ser ministro e candidato à Presidência."*

São duas atitudes distanciadas no tempo: o início dos entendimentos entre Carlos Lacerda e Castello Branco e, depois, algumas reconciliações e novas divergências além de seu desejo de participar, como ministro, do governo Castello Branco.

A série de desentendimentos entre Carlos Lacerda e o presidente Castello Branco teve seu início nos primeiros dias da revolução de 31 de março.

O ministro Costa e Silva, que então, no Ministério da Guerra, representava o Comando das Forças Revolucionárias, avistara-se com os governadores que haviam ido à Guanabara para entendimentos sobre o desdobramento da revolução que depusera o presidente João Goulart. Estavam na antiga Capital da República, segundo estou lembrado, os governadores Carlos Lacerda, Magalhães Pinto, Ademar de Barros, Mauro Borges, Ney Braga e outros.

Nessa reunião os governadores, depois de afastarem as pretensões de alguns deles, levaram o nome do general Castello Branco como sendo a melhor solução. Traziam ao general Costa e Silva a comunicação, após terem ouvido o general Muniz de Aragão, que a união do Exército se fazia em torno do nome de Castello e era unânime nas Forças Armadas.

Acompanhei o governador da Guanabara à reunião convocada pelo general Costa e Silva no Palácio da Guerra, na madrugada de 2 de abril. Assisti da ante-sala, ao lado do general Sizeno Sarmento, o desenrolar do encontro. Nela, segundo conversa que tive com o governador da Guanabara, deveria ser dado o ponto de vista dos governadores em favor do nome do general Castello Branco. O fato irritou o general Costa e Silva, que achou indevida a ação dos civis e recebeu resposta violenta de Carlos Lacerda.

Assim, a reunião não teve um desfecho favorável. (Você, Luiz, deverá ter pormenores sobre a discussão havida). Mas, o que ficou público, repito, no instante, é que o ministro Costa e Silva irritou-se com os governadores presentes, chegando a usar palavras ásperas, tendo como resposta palavras também duras do governador Carlos Lacerda. Foi o início dos desentendimentos do governador Carlos Lacerda com a Revolução e, posteriormente, com o presidente Castello Branco. O que ficou assentado nessa reunião, é que os civis ficariam afastados das articulações para a escolha do futuro presidente revolucionário do País.

Castello Branco: testemunhos de uma época

Eram candidatos, além do que foi escolhido, ou se não, candidatos a candidato, o próprio general Costa e Silva, general Cordeiro de Farias, Magalhães Pinto, que contava com o apoio de São Paulo, Ademar de Barros, o marechal Eurico Gaspar Dutra e até o nome do professor Carvalho Pinto foi aventado. Carlos Lacerda, comentando a esta altura a indicação, afirmara: "Tem todas as qualidades – até a de ter sido ministro de João Goulart".

O governador Lacerda, logo após esse desentendimento no Palácio da Guerra, desapareceu, sem contar nem aos seus íntimos onde se encontrava. No mesmo dia em que se refugiara na Ilha de Brocoió, na madrugada de 3 de abril, enviou violenta carta ao general Costa e Silva, em termos que poderiam ser considerados como rompimento com a Revolução.

Fomos acordados pela esposa do governador, dona Letícia, quando dormíamos no apartamento do industrial Joaquim Silveira, procurando nos recuperar do cansaço de noites sem dormir, para evitar, com outros amigos de Carlos Lacerda, que a carta chegasse ao seu destinatário.

Dirigi-me para a residência de Carlos Lacerda e, às 6 horas da manhã, já lá se encontravam, entre outros, o Sr. Rafael Almeida Magalhães, os filhos do governador e alguns de seus assessores.

Chegamos à conclusão de que deveríamos evitar que a carta de Carlos Lacerda chegasse ao seu destino, o Ministério da Guerra. Verificamos que a mesma já deveria ter sido entregue no Gabinete do general Costa e Silva e, então nos socorremos da amizade que tínhamos e temos com o general Sizeno Sarmento, chefe do Gabinete do ministro Costa e Silva, para interceptar a missiva e não criar um caso irremediável entre o governador e os líderes militares da Revolução. O general Sizeno Sarmento prontificou-se a atender a nosso pedido e, interceptou a carta, evitando a primeira grande crise entre o governador Carlos Lacerda, a Revolução e seus líderes militares.

Escolhido o nome do general Castello Branco para candidato à Presidência da República, Carlos Lacerda, que voltara da Ilha de Brocoió, desejou ter um contato com o candidato escolhido pelos líderes militares, pois tanto Lacerda como seus seguidores, sempre defenderam a tese de que a melhor solução para o momento era a escolha do nome do general Castello Branco. Esse contato realizou-se em bons termos, entre o governador da Guanabara, e o presidente Castello Branco e o medo que existia, tanto do governador como de seus seguidores, de ver triunfar a tese de um presidente civil, Magalhães Pinto, estava completamente afastado.

Após o entendimento com o candidato escolhido, Carlos Lacerda começou a prestar serviços aos líderes militares, no sentido de aliciar apoio à candidatura do general Castello Branco.

No caso que surgiu entre o general Costa e Silva e o presidente em exercício, deputado Ranieri Mazzilli, que manobrava para permanecer maior tempo no posto, o problema foi evitado pela interferência de Carlos Lacerda que, àquela altura reconciliado com a Revolução e com os líderes militares, foi comigo ao apartamento do presidente da Câmara, na Avenida Atlântica, tendo com ele longa e firme conversa, a que assisti por inteiro, em que pedia sua colaboração para evitar uma crise militar ou uma ação militar contra o presidente que ocupava a Chefia do Executivo do País. A compreensão do presidente Mazzilli e a ação de Carlos Lacerda evitaram, naquela ocasião, uma crise que poderia perturbar o desdobramento da Revolução.

Com essa ação e o reaparecimento de Carlos Lacerda nas démarches políticas, estava ele se habilitando para influenciar na formação do Ministério do presidente Castello Branco.

Procurou ele, com insistência, o presidente escolhido e, com a negativa ou a impossibilidade do general Castello Branco de recebê-lo, surgiu o primeiro desentendimento direto entre os dois. Não sendo atendido pelo candidato escolhido, teve Carlos Lacerda uma reação verbal violenta contra o futuro presidente, sem exteriorização pelos jornais.

Com a intervenção de amigos comuns, Armando Falcão e Sandra Cavalcanti, o futuro presidente Castello Branco o procura por telefone, o que leva o governador da Guanabara a não atender o telefone, mandando um recado, ou seja, que as razões que o haviam levado a procurar, por telefone, já não mais existiam e que nada mais teria a conversar com o general Castello Branco.

Novo estremecimento havia surgido, sem profundidade.

O anúncio dos nomes que viriam a constituir o Ministério do presidente Castello Branco, sem que Carlos Lacerda tivesse tido conhecimento antecipado, aumentou a irritação do governador da Guanabara contra os líderes militares, mesmo porque entre tais nomes figuravam os de três auxiliares diretos seus, para postos de relevância, sem que ele soubesse previamente, tais como: Raimundo de Brito, Ministério da Saúde; Sandra Cavalcanti, para organizar o BNH e Ghilherme Borghof, na SUNAB.

Iniciou-se aí o segundo atrito entre o presidente Castello Branco e o governador Lacerda, agora com maior profundidade. Lacerda negou-se a assistir à posse do presidente Castello Branco, pretextando doença em família (Letícia estava ligeiramente enferma). Representaram-no na posse Sandra Cavalcanti e o cel. Borges ou o general Mandin, segundo estou lembrado... Afirmava a nós, que havíamos ficado com ele na Guanabara: Não vou assistir à posse de um governo cujo Ministério se balança entre conservadores e entreguistas.

Castello Branco: testemunhos de uma época

O presidente, acreditando ou não na desculpa dada, no mesmo dia, logo após a posse, telefonou ao governador Lacerda, a fim de fazer uma visita à sua esposa e agradecer a presença dos representantes em sua posse.

O fato sensibilizou Carlos Lacerda, que ficou grato com o gesto do presidente.

Carlos Lacerda sentia-se muito responsável pela revolução e o era, pois foi o seu principal líder civil, tomando atitudes corajosas e mesmo temerárias para a mobilização popular e, portanto, constituindo o embasamento civil que os militares pediam para o desfecho da revolução. Sentindo-se marginalizado, sua suceptibilidade, no caso, justa, era maior, e daí os constantes atritos e reconciliações.

Em conversa que tivemos no apartamento do deputado Armando Falcão, que sempre prestou relevantes serviços, tanto ao presidente como ao governador Carlos Lacerda, no apaziguamento das divergências que surgiram entre ambos, pois sempre, desinteressadamente, a ambos serviu, ficou estabelecido que Carlos Lacerda deveria ter um contato pessoal com o presidente. Nesta reunião deveria receber uma missão no exterior, temporária, que objetivava a explicação da Revolução brasileira na Europa.

Seria o deputado Armando Falcão o escolhido para preparar o presidente para o encontro com Carlos Lacerda, e também fazer com que Carlos Lacerda aceitasse o convite. Depois de tudo preparado o convite foi concretizado pelo presidente.

Os amigos de Carlos Lacerda e seus colaboradores achavam que essa era uma medida que beneficiaria a todos: à Revolução porque como Carlos Lacerda exercia, inquestionavelmente a liderança civil, não convinha que ele participasse dos rumos do governo que acabara de se instalar, podendo caminhar para um imprevisto; Carlos Lacerda seria beneficiado, pois seria poupado politicamente e precisava de um justo repouso depois de um período de grande trabalho à frente do Governo estadual e de uma longa e perigosa conspiração em que era alvo, por parte de adversários, de atentados e ameaças à sua vida e de constantes intervenções em seu Governo.

Estava ele realmente com a saúde abalada e isso refletia no seu temperamento, que é, por formação, arrebatado. Tinha, portanto, urgência de viajar, para o bem de todos. Apressou-se seu embarque. Sairia do Brasil, mesmo antes de receber, oficialmente, a missão que lhe estava reservada para a Europa e para os Estados Unidos.

Saímos às pressas. Com todo o seu empenho de eleger o novo vice-governador, já que o cargo estava sem titular, com a cassação de Eloy Dutra, desejava que a eleição ocorresse num só dia e fosse eleita pessoa de sua confiança imediata, Rafael de Almeida Magalhães. Agarrou-se ao telefone, em contato com o presidente da Assembléia Legislativa, que era, então, seu sucessor legal e teve com ele alterações verbais terríveis. Queria viajar naquele dia e naquele dia queria que se fizesse a eleição do novo vice-governador. Era impossível. Os prazos regimentais não o permitiam e ele alegava, por vezes, que a justificativa dos prazos era para servir ao presidente da Assembléia Legislativa, seu sucessor, que tinha ambição de exercer, temporariamente, o cargo.

O avião em que deveríamos embarcar, da Air France, avião normal de carreira, aguardava a nossa presença no Aeroportò, já com atraso de mais de meia hora e não se chegava a uma conclusão para o impasse.

Aventou-se, então, a possibilidade de se conseguir do presidente da Assembléia Legislativa, deputado Vitoriano James, a licença do cargo, assumindo a Presidência o vice-presidente e abrindo a possibilidade de convocar, imediatamente, o sucessor constitucional – o presidente do Tribunal de Justiça – até a eleição de Rafael de Almeida Magalhães.

Isto foi conseguido. O presidente da Assembléia Legislativa licenciou-se e o sucessor imediato, que era o presidente do Tribunal de Justiça, foi convocado.

Saí, então, com Carlos Lacerda para o aeroporto e no caminho passamos pelo Palácio Guanabara, ocasião em que ele assinou o termo de transferência do governo para o presidente do Tribunal de Justiça. Tudo isto foi feito em apenas algumas horas, numa agitação imensa, que mais parecia uma nova revolução.

Chegamos ao aeroporto com horas de atraso e Carlos Lacerda, nesta altura, parecia um menino em férias. Nunca vi ninguém lutar em favor de alguém, como o Carlos a favor do nome de Rafael de Almeida Magalhães para fazê-lo governador da Guanabara.

Embarcamos: Carlos Lacerda, Letícia, Cristina, sua filha Maria; uma sobrinha do governador, Joaninha e eu. Acompanhei-o para lhe fazer companhia e ajudá-lo no que fosse possível.

Carlos Lacerda deixava o Brasil com alívio, pois os primeiros desencantos com a Revolução muito o haviam traumatizado e também estava ansioso por um descanso. Nós, os responsáveis pela sua futura candidatura à Presidência da República, ficamos tranqüilos. O nosso candidato não se desgastaria com a permanência aqui, pois suas críticas constantes à Revolução e a alguns de seus homens poderiam comprometer seu futuro, que nos parecia ser promissor.

Sabíamos que o presidente Castello Branco tinha pelo governador Carlos Lacerda uma profunda admiração e sabíamos, também, que o seu desejo, ao término de seu mandato, era passar a chefia do Executivo da República a um civil revolucionário.

Com esses dados, o que queríamos era aproximar cada vez mais Carlos Lacerda de Catello Branco e garantir a sucessão presidencial a um revolucionário cheio de qualidades e civil.

Castello Branco: testemunhos de uma época

De outra feita, estávamos ao mesmo tempo levando Carlos Lacerda para uma missão que o projetaria mais junto às áreas militares, pois estes estavam sendo cruelmente atacados por toda a imprensa mundial e não havia melhor advogado da Revolução, para a Revolução e para os militares brasileiros, do que Carlos Lacerda, que tinha ao mesmo tempo, coragem, talento e domínio das línguas dos países que deveria visitar.

Desta forma, nós o estávamos livrando de um desgaste político que seria inevitável e, ao mesmo tempo, estávamos fortalecendo o seu nome junto a algumas áreas militares, que não o viam com bons olhos.

Mas, infelizmente, o que estava preparado para ser um ato positivo, transformou-se, no correr da missão e no seu final, em um fato negativo.

São coisas da política e do temperamento dos homens.

Quando chegamos a Madri, notamos que a curiosidade jornalística sobre a Revolução de 1964 no Brasil ultrapassava a todos os nossos cálculos.

Uma legião de jornalistas aguardava Carlos Lacerda no aeroporto. Perguntas indiscretas, feitas por uma imprensa controlada, prenunciavam o que poderia ocorrer nos outros países da Europa onde a imprensa, além de livre, é irreverente.

Ao voltar para o avião, rumo a Paris, procurei dar um conselho ao governador, que sempre viajava a meu lado: precisamos evitar, já que não íamos permanecer na França, a imprensa no aeroporto de Orly, pois se em Madri o governador Lacerda tinha sido alvo de muitas perguntas indiscretas, na França, certamente, seria uma guerra.

Concordou ele comigo e disse que, no transbordo ou na breve permanência no aeroporto de Orly evitaria falar, pois ainda não estava em missão oficial. Ao descer a escada do avião, virou-se para mim e disse: vou "gozar" esses jornalistas franceses. Vou dizer a eles que estou a acaminho de Milão e, portanto, não posso falar, pois desejo reservar minha voz para uma récita no Scala. Assim aconteceu, e ao descer no aeroporto de Orly, abordado por dezenas de repórteres de jornais, rádio e televisão, decepcionou os jornalistas franceses que o acompanhavam para fazer suas perguntas e ele repetia, sempre com um sorrriso, a frase que resolvera fazer como blague à imprensa francesa.

A infelicidade nos levou para um dos restaurantes do aeroporto de Orly, que se localizava ao lado da Sala de Imprensa. Sentamo-nos à mesa, em companhia de brasileiros amigos que aguardavam o governador, embaixador Gilberto Amado, Cícero Dias e outros. Quando estávamos ao meio de uma conversa entusiasmada a respeito da Revolução, com os brasileiros residentes na Europa, o restaurante foi invadido por câmeras de televisão e jornalistas, que fizeram as primeiras perguntas grosseiras e violentas contra o Brasil. Carlos Lacerda, que não rejeita desafios, rompe o silêncio, levanta-se e convoca os jornalistas para a Sala de Imprensa.

Lá chegando, sob as luzes dos refletores das câmeras de televisão e dos flashes fotográficos, deu o mais belo "show" de inteligência e coragem que já vi.

Nenhuma pergunta ficou sem resposta e nenhuma resposta ficou abaixo da pergunta formulada. Ele se superava a si próprio naquele momento, mesmo já tendo demonstrado muitas vezes sua capacidade de polemista.

Quanto à entrevista, você, Luiz, tem seus arquivos com o teor das perguntas e a grandeza das respostas.

Mas, isso que foi um grande "show" de inteligência, coragem e convicção revolucionária, de brasileiro em ação no estrangeiro, transformar-se-ia, no tempo, no sério motivo para o grande desentendimento entre o presidente Castello Branco e o governador Carlos Lacerda.

A missão oficial que deveria chegar do Brasil quando chegássemos a Milão, não chegou. O incidente de Orly havia dificultado ao Itamaraty a concretização da medida. Entretanto, as suposições que o governador Lacerda fazia sobre o não-recebimento da missão foram férteis e variadas.

Nessa altura, já se falava na prorrogação do mandato do presidente Castello Branco e o governador considerava o não-recebimento das credenciais como uma manobra para liquidá-lo politicamente. Afirmava que a falta do compromisso para com ele encerrava uma manobra que vinha destruir sua condição de futuro candidato à Presidência da República. Aguardou em Milão alguns dias, sempre com grande impaciência.

Um dia o silêncio foi rompido e iniciou-se um "ping-pong" de telegramas entre o governador e o ministro Vasco Leitão da Cunha. Como eu é que estava encarregado de expedir os telegramas redigidos pelo governador Carlos Lacerda, procurava sempre amenizar os termos das mensagens telegráficas, para evitar um atrito prejudicial a todos: ao presidente, ao governador e ao País.

Juntaram-se a mim, nessa manobra de apaziguamento em Milão, Alfredo Machado e Almeida Braga, que prestaram bons serviços para o controle que tínhamos que fazer nos contatos entre Europa e Brasil.

Assim fizemos durante mais de 20 dias entre Milão, Veneza e Florença, até atingirmos Roma, onde ficamos hospedados no Grande Hotel, que, infelizmente, possuia um telex. Lá o governador Carlos Lacerda dispensou nosso auxílio como mensageiros telegráficos e o controle que fazíamos sobre os telegramas desapareceu, tendo ele passado a usar, diretamente, o telex para se corresponder com o ministro Vasco Leitão da Cunha, no Itamaraty.

A paciência de Carlos Lacerda estava esgotada; sua imaginação trabalhava no sentido de ver uma conspiração contra ele e tudo isto o levava a usar uma linguagem cada dia mais candente e violenta.

Éramos informados e informávamos ao governador que as dificuldades do envio das credenciais para a missão, que deveria desempenhar, não se prendiam a problemas internos do Brasil, mas à posição que o Governo De Gaulle tomara, de franca hostilidade ao governador Carlos Lacerda, pelas suas justas mas duras respostas dadas à imprensa francesa. A França era um dos países em que o governador Lacerda deveria desempenhar a tarefa e o Itamaraty tinha que superar essa dificuldade para oficializar a missão tão aguardada.

De Roma, enquanto Carlos Lacerda ia para Atenas, fui para Paris para constatar, *in loco*, a seu pedido, qual era a exata posição do governo francês, e informá-lo.

Não tínhamos embaixador em Paris e respondia pela Embaixada o secretário De Vincenzi, que cumpria sua missão burocrática de superar as dificuldades, mas não agia com grande empenho, pois sendo adversário de Carlos Lacerda, não tinha muito gosto para a missão. Lá chegando e entrando em contato com De Vincenzi, este se pôs, por sua vez, em conversa com Jungerssen, encarregado dos negócios franceses para a América Latina. Este ministro expôs-me todas as dificuldades que o Quai D'Orsay tinha para aceitar, em missão oficial da Revolução, a pessoa de Carlos Lacerda, que fora tão duro (mas tão justo) com o presidente francês De Gaulle, mas que seus contatos com o Itamaraty permitiriam uma resposta positiva dentro de pouco tempo. Informei ao governador Lacerda o fato, por telefone, em Atenas, e pedi paciência por mais alguns dias.

Fui informado, através do embaixador ou diretamente por telegrama do ministro Vasco Leitão da Cunha, não me lembro bem, que deveria ir para Atenas imediatamente e evitar que Lacerda viesse para Paris antes do envio das credenciais da missão. Ele, segundo informava o telegrama, já havia marcado para dentro de dois dias seu embarque para Paris, com ou sem credenciais.

Imediatamente me dirigi para Atenas e durante dois dias, em vão, tentei evitar a viagem de Carlos Lacerda a Paris.

O meu trabalho para demover Carlos Lacerda tinha fracassado e três dias após descíamos em Orly, sem que Lacerda fosse recebido como deveria. Ninguém, do mundo oficial francês; só os representantes de nossa Embaixada. Evitou a imprensa e continuou a luta com o Itamaraty.

Soube, através de Alfredo Machado e Almeida Braga, que a guerra telegráfica entre o Brasil e a Europa em Atenas havia piorado muito e eles não tinham conseguido controlar o governador Lacerda na sua impaciência, justa ou injusta, por receber a missão.

Se a mesma chegou ou não, Luiz, não me lembro. Você terá muitos pormenores em seus arquivos. O que me lembro é que a Sandra, logo após nossa chegada a Paris, chegou do Brasil em missão de paz e a conseguiu, em parte.

Lembro-me de que o governador Lacerda, ao chegar ao Brasil, no início de julho de 1964, almoçou com o presidente Castello Branco e revelou a nós, seus assessores, a grande simpatia com que o presidente o havia recebido e sua confiança no governo, que melhorava. Entretanto, preciso dizer que, mesmo tendo havido, posteriormente, essa reconciliação, temporária, a viagem da Europa estava preparada para aproximar Carlos Lacerda das áreas militares e evitar desentendimentos com o presidente, mas funcionou em termos diametralmente opostos. Foi o início de um desentendimento criado por ele, fatal para sua indicação à Presidência da República.

Os que não o queriam, e não era o caso do presidente Castello Branco, argumentavam que o governador Lacerda, com sua intemperância, era um homem que não poderia ocupar a chefia do Executivo Nacional.

Montaram em torno dessa tese – a sua intemperância – uma máquina para destruí-lo, o que é legítimo numa disputa, mas o que não se devia era alimentar a manobra adversária de Lacerda que, como um touro miura, aceitava todas as provocações.

As relações entre o presidente e o governador da Guanabara continuavam boas após seu retorno, e muito bem trabalhadas pelos amigos Armando Falcão e Sandra Cavalcanti, apesar de alguns elementos da intimidade e confiança do governador Lacerda intrigá-lo constantemente com o presidente.

A presença do presidente no casamento do filho do governador, Sebastião, trouxe um longo período de paz e de respeito entre o governador e o presidente.

Nesse período, o que também desgastava as boas relações existentes, era a falta ou dificuldade de cobertura administrativa do Governo Federal para com o Governo do Estado da Guanabara. Lacerda, no final de sua administração e candidato à Presidência da República, queria deixar marcada, de forma expressiva, sua passagem no governo do Estado. Os atritos eram diários nos diversos ministérios, quando não diretamente com ministros. Alegava, quando por vez, sabotagem com intuitos políticos.

Falava-se, já, que os partidos, por um ato revolucionário, seriam extintos. A medida sanearia a área partidária e tirar-se-ia a base de Lacerda para disputar a eleição presidencial. Sabendo das manobras, solicitou-me, por estar organizando a convenção, que abreviasse sua realização. Com lutas internas para a convocação, ela foi realizada em São Paulo. Queríamos o fato consumado e, assim, dificultar a ação revolucionária extinguindo os partidos.

A pressão militar para não dar posse a Negrão e Israel facilitava o alvo de Lacerda. Este não desejava a posse do governador eleito e pediu intervenção na Guanabara. Afirmava, por vezes, que Castello Branco

Castello Branco: testemunhos de uma época

havia criado um clima favorável para a vitória de Negrão sobre Flexa Ribeiro. A política econômico-financeira do Governo da Revolução e a ação no controle de preços tinham, segundo ele, dado a vitória à oposição.

Antes deste final e, agora, para responder a um de seus quesitos, na fase em que as relações após a volta da Europa eram boas, os mesmos amigos comuns, com a aquiescência do Carlos Lacerda, começaram a tratar da possibilidade de um convite do presidente Castello Branco ao governador, para que este, já cansado do Governo da Guanabara, viesse a ocupar uma Pasta no Ministério da Revolução. A Pasta lembrada para ser ocupada por Carlos Lacerda seria a da Educação.

O governo, pelas medidas certas que tomava, estava impopular, e a força dialética de Carlos Lacerda junto à juventude poderia conquistar uma área quase que totalmente adversa à Revolução. Além de conquistar os moços para a Revolução, estaria se preparando; também, para sua luta eleitoral na sucessão do presidente Castello Branco.

Não me lembro das razões que levaram à não-concretização do convite, mas o certo é que da parte de Carlos Lacerda não houve um só momento de hesitação, pois queria, na verdade, deixar definitivamente o Governo da Guanabara e se preparar para o posto seguinte.

Creio que todos nós, que o cercávamos, sentíamos ser o Ministério da Educação a grande oportunidade que se lhe apresentava, mesmo com os riscos que tinha que correr. Valia a pena o risco, pois Lacerda era um homem que sempre se afirmava nos momentos difíceis e de desafio.

A juventude brasileira estava intoxicada pelas idéias de esquerda e só um homem com sua força de comunicação poderia conquistar essa área. Mas, sabíamos também que em um instante qualquer poderia se incompatibilizar definitivamente como candidato à Presidência da República. Era arriscado, mas se deveria tentar. A idéia entusiasmava não só o governador, que desejava deixar o governo da Guanabara e tentar a grande cartada para sua popularidade no pleito direto à Presidência, mas a todos nós. Sabíamos que alguns assessores do presidente não aconselhavam o convite e não sei se esses assessores influenciaram para que a medida não se efetivasse. Diziam esses assessores que o presidente, vivendo um período impopular, seria constantemente cotejado na popularidade inquestionável de que desfrutava Lacerda junto às áreas que apoiavam a Revolução.

Fizemos chegar a esses assessores, através de Armando Falcão, que o governador da Guanabara assumiria o compromisso de não se apresentar em público ao lado do presidente, sempre que isto pudesse significar uma manifestação maior ao governador do que ao presidente; que ele adotaria uma atitude discreta no Ministério e não se apresentaria como um superministro. Deveria, também, agir com muita cautela para não mais se repetirem os atritos que o haviam afastado, algumas vezes, do

96 Roberto de Abreu Sodré

presidente. Carlos Lacerda estava disposto a qualquer coisa que evitasse os atritos e que consolidasse sua posição junto ao presidente.

Infelizmente, o convite não se realizou e o Ato Institucional nº 2 veio, com o rompimento definitivo entre o governador e o presidente, e a dissolução dos partidos políticos.

Organização da Arena de São Paulo. Carta do presidente convidado.

Em agosto de 1965, o Ato Institucional nº 2 dissolvia os partidos políticos e criava condições para o aparecimento de duas futuras agremiações: Arena e MDB.

Do Ato Institucional ao ingresso na Arena, de grande parte dos ex-udenistas paulistas, mediaram quase três meses. Os udenistas de São Paulo, ligados por tradições de luta democrática ao governador Lacerda, não se sentiam à vontade no novo agrupamento político, que recolhia homens de todas as tendências e tradicionais adversários da UDN; como também, por sua vez, a Arena, ainda não legalmente constituída como partido, sofria pesados ataques por parte do ex-governador da Guanabara. Isto constrangia a maioria dos udenistas de São Paulo, ligados afetivamente a Carlos Lacerda. A atitude do governador Lacerda era também reconhecida por nós sem nenhum objetivo prático. De outro lado, mesmo que se tivesse de pôr de lado a parte sentimental que nos ligava a Carlos Lacerda, o ingresso dos udenistas na nova agremiação em São Paulo era dificultada porque a liderança da Arena em nosso Estado estava nas mãos dos ademaristas, nossos tradicionais adversários.

Tínhamos que pesar bem nossa atitude. Eu, como último presidente da UDN paulista, reuni os companheiros e adotamos uma atitude que constituiu um compromisso de uma ação comum. Nada de atos isolados. Ou entrávamos, todos, ou não entrávamos, todos.

A ação inicial para o ingresso na Arena, como tinha de ser, pois era um organismo parlamentar provisório, começou com os ex-udenistas da Câmara Federal, liderada pelo deputado Ernesto Pereira Lopes.

Reuniões sucessivas foram feitas no escritório do parlamentar paulista. Chegara – quando nossa atitude não havia sido decidida – uma carta do presidente Castello Branco. Era dirigida a mim, como também fazia referência aos revolucionários e ao ex-presidente da UDN, pedindo a ajuda para a concretização da Arena Nacional. Mostrava, com palavras precisas, essa carta, a nossa responsabilidade de dar estrutura política à Revolução, através da criação de um novo partido. Era uma carta que honrava a quem a recebia, mas que, sobretudo, mostrava a firmeza do líder da Revolução e sua obstinação de chegar, o mais rápido possível, ao restabelecimento democrático do País.

Castello Branco: testemunhos de uma época   97

A carta teve influência não só sobre mim, mas sobre os demais companheiros da ex-UDN, aos quais a dei para ler.

Muitos estavam indecisos, por imaginarem vir a ser obrigados ao convívio com Ademar de Barros. Mas só diante desse apelo resolveram engolir a amarga pílula.

Tínhamos que tomar uma atitude e, assim, eu e o Oscar Segall, presidente do Diretório Metropolitano da UDN, fomos encarregados de levar ao ex-governador Carlos Lacerda nossa decisão de ingressar na Arena e não atender ao seu apelo para uma posição de rebeldia. A conversa entre nós e Lacerda durou mais de 8 horas. Foi difícil e com momentos de grande emoção na defesa de nossas teses, que eram opostas.

O governador Lacerda nos convidava para participar de outro partido que estava sendo preparado pelo seu ex-auxiliar Rafael de Almeida Magalhães, que era o Partido da Renovação Democrática (Parede). Mostrei-lhe o desserviço que prestaríamos à Revolução tentando criar um novo partido que, tinha a certeza, não viria a vingar; e que ele, com sua força de liderança deveria ingressar na Arena, já em fase de organização: que lutaríamos dentro do novo partido para fortalecer a posição do presidente, que sempre se havia mostrado disposto a nos ajudar nessa tarefa de eliminar os corruptos e que, talvez ressurgissem suas possibilidades de ser candidato à Presidência da República.

Minha missão foi malsucedida junto a Carlos Lacerda, o que determinou, no dia seguinte, uma troca de violentas cartas entre nós dois, cartas que jamais vieram a público.

Ingressamos na Arena na primeira quinzena de 1965 e ela se tornou um partido legalmente registrado no Tribunal Eleitoral em março de 1966.

Apesar do convívio constrangedor com uma predominância ademarista no partido, o melhor caminho para servir à Revolução estava por nós tomado.

O tempo veio a demonstrar que a agremiação que Rafael Magalhães e Carlos Lacerda queriam criar (Parede) não chegou sequer a ser fundada e o seu principal inspirador, Rafael de Almeida Magalhães, veio a ingressar na Arena logo mais, para disputar uma cadeira na Câmara Federal.

Meu caro Luiz, não era, não é, e não sei se ainda virá a ser, a Arena, o partido dos nossos sonhos. . . Mas, caro governador, qual o partido que, como a República ideal, pode corresponder integralmente aos nossos sonhos?

Problema Ademar de Barros — Choque com a "linha dura de São Paulo e principais elementos desta".

Ademar de Barros, que representava, no passado de sua ação política, tudo o que justificou o sentido moralizador da Revolução de 1964 havia, –

98 Roberto de Abreu Sodré

por uma questão de tática, confundida com uma posição ideológica – sido um dos principais artífices da Revolução, na área paulista. Tinha ganho, com seu gesto, oportunista ou sincero, indulgências, se não a absolvição plena.

Todos os revolucionários de São Paulo, que por razões de longo convívio com o adversário não acreditavam em sua regeneração, pediam uma ação contra o político que lhes parecia irrecuperável. Não importava a nós, que tivesse sido o governador paulista um auxiliar da Revolução e de sua conseqüente vitória. As revoluções devem prestigiar mais à sua ideologia e os seus métodos do que os homens que a fazem. Acredito que a tolerância revolucionária para com o Ademar de Barros durante um período relativamente grande tenha sido um dos fatores de desgaste popular do presidente Castello Branco. Não se compreendia que uma revolução que não era só ideológica, mas também pregava a moralização dos costumes políticos, poupasse o símbolo da corrupção brasileira na vida pública.

A vinda do ministro da Justiça, Juraci Magalhães a São Paulo, em 6 de novembro de 1965, quando ainda estávamos para entrar na Arena, declarando ser Ademar de Barros esteio da Revolução, quase que determinou uma grande debandada de todos os revolucionários do caminho partidário, principalmente os ex-udenistas.

Somente após declarações posteriores houve o reagrupamento dos revolucionários mais compreensivos, que formaram a chamada "linha dura paulista".

A "linha dura paulista" era constituída, na sua grande maioria, por homens que não tinham tido militância político-partidária. Eram revolucionários que se integraram a nós, que tínhamos vivência partidária, para deflagar o movimento. Lembro-me ainda de alguns de seus nomes: Cel. Restell, Dr. Júlio Mesquita Filho, Dr. Ruy Mesquita, Brigadeiro Brandini, Flávio Galvão, Paulo Quartim Barbosa, Paulo Egídio, Luís Carlos Mesquita, Sérgio Barbosa Ferraz, Herman Morais Barros, entre tantos outros.

Junto a estes, que agiam conosco, mas separadamente em alguns setores, estávamos constantemente exigindo uma ação do Governo Federal contra Ademar de Barros, que dia a dia se mostrava mais irresponsável e se apresentava em público de forma condenável.

Fui incumbido de levar a você, na chefia da Casa Civil, uma exposição sobre os fatos que vinham, constantemente, humilhando São Paulo e desmoralizando a Revolução.

Já estava escolhido o governador de São Paulo, pela prévia, quando lhe fiz uma visita em nome dos revolucionários paulistas. Entreguei-lhe alguns exemplares do *Diário Oficial do Estado*, por onde se verificavam as verdadeiras orgias de nomeações, desmandos na execução orçamentária e, principalmente, emissões de Bônus Rotativos do Estado, além dos

Castello Branco: testemunhos de uma época

limites permitidos e outras corrupções na Assembléia Legislativa, praticadas pelo governador.

O governador de São Paulo não só delapidava bens do patrimônio público como procurava comprar, constantemente, consciências à venda na Assembléia Legislativa. Os escândalos se sucediam diariamente e o povo, mesmo na impossibilidade de ser consultado diretamente, demonstrava desejo de uma ação revolucionária contra o principal responsável e mais alguns políticos irrecuperáveis em nosso Estado.

Além de alguns de seus companheiros do ex-PSP, era uma parcela das classes produtoras que ainda sustentava Ademar de Barros.

Recordo-me de ter ouvido de você o receio de uma reação popular em favor do governador de São Paulo, que tinha a seu lado alguns elementos das classes produtoras, as quais organizavam em São Paulo a "Marcha do silêncio".

Argumentei com você que tais elementos que lançavam manifesto de apoio a Ademar de Barros não o faziam por amor ao então governador, mas sim em virtude de discordância da linha da política econômico-financeira da República. Acrescentei ainda que com o mesmo entusiasmo com que estavam apoiando Ademar de Barros, iriam apoiar o futuro ocupante do Palácio dos Bandeirantes.

Discutimos muito sobre o manifesto que o governador Ademar de Barros havia lançado em oposição ao governo Castello Branco, contra sua política econômica, que era uma tese simpática, pois estávamos numa fase de recuperação; e que defendendo esse princípio, de oposição ao governo, poder-se-ia criar dificuldades para o desenvolvimento da ação revolucionária nesse setor.

Acrescentava, ainda, que Ademar de Barros não podia ser subestimado, pois, apesar de seus defeitos, tinha uma excelente qualidade para um homem público: coragem de atitude.

Você me levou, após esses contactos, para uma breve e discreta conversa com o presidente Castello Branco, quando apenas aflorei o que, em profundidade, havia antes longamente tratado com você.

Lembro-me de que o presidente solicitou que deixasse os exemplares do *Diário Oficial do Estado* e dos documentos que trouxera, para exame posterior.

Sem ter ouvido uma só palavra do presidente, nem sua, sobre o afastamento do governador Ademar de Barros, saí convencido, pelas reações fisionômicas e entendimento de entrelinhas, que o processo de afastamento do governador paulista estava em andamento, mas que deveria se efetuar num prazo mais longo.

Transmiti a meus companheiros, com todas as ressalvas, a impressão que havia colhido e pedi a eles paciência por um período aproximado de um mês.

100 Roberto de Abreu Sodré

Quatro dias depois dessa conversa, fomos surpreendidos com a medida saneadora. Nada aconteceu de grave, como prevíamos, e a Revolução ganhou.

Sua candidatura. Ação do Presidente e organização da Lista Tríplice. Posição do presidente da Assembléia, Francisco Franco e a "Pesada". Possibilidade de cassação de deputados para evitar a corrupção contra sua eleição.

Havia ingressado na Arena e, convidado pelo presidente, na sua direção regional. As nossas reuniões partidárias se constituíam um martírio e as lutas diárias contra a predominância "ademarista" nos desesperava.

O presidente da Arena paulista, deputado Arnaldo Cerdeira, havia rompido, ou aparentava ter rompido, com Ademar de Barros. Após o afastamento do governador, o presidente da seção arenista de São Paulo, desejou se habilitar ao espólio político do governador afastado. A luta no partido era constante e violenta entre os ademaristas e seus aderentes e os opositores.

A luta central era a organização das bases partidárias, mas atrás dessa preocupação, estavam sendo coligidos os primeiros dados para a sucessão governamental. Caminhávamos sobre terreno de constantes especulações. Os riscos do jogo político eram desconhecidos.

O governador Laudo Natel, segundo alguns, teria seu mandato prorrogado e, portanto, não haveria sucessão nos Estados onde tivesse havido intervenção.

Outra suposição seria a de que o presidente Castello Branco viria impor um nome de sua confiança pessoal, participando o Diretório Regional apenas como órgão homologador ou, um pouco melhor do que isso: o diretório seria apenas participado, antes da publicidade da escolha presidencial. Poucos pensavam em uma forma mais alta, que viesse resguardar a autonomia dos arenistas de São Paulo. A maioria dos membros da executiva e do diretório achava que deveríamos acatar qualquer determinação do presidente, fosse ela qual fosse, pois estávamos dentro de um processo revolucionário e ao presidente caberia a decisão de tudo.

No dia 4 de maio de 1966, pela manhã, fomos cientificados pelo presidente da Arena, o deputado Arnaldo Cerdeira, de que teríamos uma audiência, às 16 horas, no Palácio das Laranjeiras com o presidente Castello Branco, para tratarmos da sucessão paulista.

Logo após o anúncio do presidente da Arena, tentamos articular uma reunião em São Paulo com todos os membros da executiva para, assim, poder levar ao presidente um ponto de vista comum.

Castello Branco: testemunhos de uma época 101

Os convocados eram: Arnaldo Cerdeira, Batista Ramos, José Bonifácio Coutinho Nogueira, Abreu Sodré, deputado Salvador Julianelli, vereador Figueiredo Ferraz, deputado Antônio Feliciano, deputado Pereira Lopes, deputado Luciano Nogueira Filho e Lélio de Toledo Piza.

A reunião que tentamos fazer em São Paulo não se concretizou, por não podermos localizar todos em tão breve espaço de tempo. Na impossibilidade de uma reunião em São Paulo, o presidente do partido sugeriu que marcássemos a reunião uma hora antes da audiência com o presidente Castello Branco, portanto, às 15 horas, no escritório do deputado Arnaldo Cerdeira, no Rio.

Cada membro da executiva foi como pôde, em horários diversos, para o Rio. Às 14 h 30 iniciamos a reunião da executiva da Arena de São Paulo no Rio, com a ausência de alguns de seus membros, que foram surgindo no correr da reunião. A finalidade da reunião era escolher uma ação comum para a conversa com o presidente da República. A maioria achava que devíamos ouvir o presidente e o que ele resolvesse estava decidido e deveríamos acatar.

Não se chegou a uma conclusão e nem se encontrou um ponto de vista em comum. Todos nós estávamos preocupados com o improviso da convocação. Pessoalmente, não acreditava numa imposição, pois conhecendo a formação do presidente, achava que se nos convidava, era para que se estabelecesse, com ele, um diálogo, e não para ouvirmos uma imposição. Já estava, entretanto, prevenido, por uma conversa que havia tido, há dois dias, com o deputado Guilherme Machado, de que o presidente Castello Branco andava em busca de fórmula para a escolha dos futuros governadores. Disse o deputado que havia ouvido do presidente que não queria impor nome algum, pois achava que as escolhas deviam nascer da vontade dos órgãos representativos do partido, que por sua vez representavam a Arena.

Com o deputado Guilherme Machado troquei idéias e como ele é sempre fértil em esquemas políticos – basta ser mineiro para tanto –, guardei pontos que poderiam servir para uma discussão que não sabia se iria se realizar com o presidente Castello Branco. Felizmente, já estava municiado com algumas idéias mineiras, que servem a um esquema político e que, se adotadas, viriam favorecer nossos companheiros da ex-UDN paulista.

Havia uma ansiedade no rosto de cada um de nós. Partia-se para o desconhecido. Perguntava a mim mesmo: qual será a minha reação se vier uma imposição do presidente? Aceitar? Rebelar-me? Deixei para o improviso, na esperança de que o presidente não impusesse sua vontade pessoal.

Na ante sala do presidente, um dos membros da Comissão Executiva veiculava que o nome já estava escolhido: era o do ministro Paulo Egídio,

102 Roberto de Abreu Sodré

revolucionário e que era assessor direto do presidente Castello Branco no Ministério da Indústria e Comércio.

No avião escrevi, lembrando as recomendações do deputado Guilherme Machado, uma fórmula que desejava submeter ao presidente. Seria inútil, caso houvesse imposição, mas ficaria tranqüilo com a minha consciência. O diálogo entre nós – da Comissão Executiva – era difícil. Cada um queria adivinhar, pela reação do rosto, o pensamento dos companheiros. O único extrovertido era o presidente Cerdeira. Estava disposto a aceitar tudo e aliciava todos para sua tese. A maioria o apoiava e, poucos, como eu, mantinham o silêncio. Confiava na formação do presidente e no respeito que sempre devotou aos princípios democráticos, mesmo numa fase revolucionária como a que vivíamos, acrescida por um período difícil por que passava o governo Castello Branco, trazido pelo desgaste popular, diante de sua corajosa política de recuperação econômico-financeira do Brasil.

Entramos no salão do primeiro andar do Palácio das Laranjeiras e aguardamos o presidente por longos minutos. A sorte de nosso Estado estava para ser jogada. Éramos poucos a decidir a sorte de muitos. Éramos revolucionários que queriam colaborar com a Revolução, sem aceitar uma diminuição na autonomia de São Paulo. Tínhamos medo de ver São Paulo arranhada de fora para dentro.

Minutos depois, entrava o presidente, com sua costumeira postura de soldado e gestos cerimoniosos, mas carregando sempre uma fisionomia afável. Deu a cada um de nós uma palavra de atenção e convidou-nos a sentar.

Iniciou suas palavras, dando as razões da convocação da Executiva da Arena de São Paulo ao Rio.

Queria inicialmente declarar sua profunda admiração pelo povo paulista e o respeito que devotava aos seus correligionários de São Paulo.

Informou que pretendia evitar o critério de escolha, ou mesmo chegar ao extremo de escolher um candidato à sucessão de Ademar de Barros; que não desejava fazê-lo, por respeito ao Estado de São Paulo, que não podia sofrer uma interferência externa que o diminuísse, mesmo com apoio em justificativas revolucionárias. Considerava os correligionários da Arena capacitados para, com ele, encontrar um critério que atendesse aos interesses da Revolução, de São Paulo e das bases partidárias e, assim, não cometer um ato de violentação aos princípios democráticos.

Ao ouvir essas palavras, houve um alívio para todos e a figura do presidente, à minha frente, agigantou-se. Ali estava um grande estadista e, sobretudo, um grande democrata.

Completava o presidente: os paulistas da Arena devem ser os responsáveis diretos pela escolha partidária para o sucessor no governo de São Paulo, e não o presidente, que desejava apenas se honrar de participar

Castello Branco: testemunhos de uma época

da discussão de um critério que atendesse a todas as áreas políticas que se tinham aglutinado em torno do Partido da Revolução.

Aberta a reunião, o presidente regional da Arena pediu a palavra e começou a falar sem objetivar nenhum critério.

Preparado como estava, pois sentia, repito, que o presidente Castello Branco jamais imporia sua vontade, tirei do bolso um papel com vários itens que encerravam um critério, o pedi licença para colocar esse critério como um item nas discussões que iriam se suceder. Nele coloquei, entre outros pontos, três que eram fundamentais, no meu entender, e que são:

a) Evitar que as forças e pressões políticas, econômicas e militares viessem a dividir a vontade partidária.

b) Que os elementos de fora da Arena não viessem a ingressar nela às vésperas da prévia ou de decisões partidárias para se locupletar com seu ingresso oportunista.

c) Que fosse consultado um maior número de arenistas para representar, com maior fidelidade, a vontade do Partido.

Para evitar a primeira preocupação, aventei que o voto não poderia ser dado a um só nome, mas cada eleitor deveria estabelecer sua preferência sobre três nomes. Com isto, aquele eleitor que sofresse uma das pressões externas, políticas, militares ou de dinheiro, daria seu voto para atender às pressões indicadas a um ou a dois, mas o seu terceiro voto, fatalmente, viria beneficiar àquele que julgasse credenciado ao exercício do cargo de governador.

Para atender ao segundo objetivo, estabelecia um prazo de uma semana após a fixação dos critérios para que aqueles que não tivessem ingressado na Arena, o fizessem.

Para atender ao terceiro, propus que todos os membros da Arena paulista na Câmara Federal, na Assembléia Legislativa, e no Diretório Regional, participassem do processo eleitoral, o que somava 102 votos, constituindo assim o colégio partidário.

Outros itens de menor importância foram discutidos e entraram no documento que encerrava o critério de escolha da lista tríplice que indicaria, ao final, o candidato ao governo de São Paulo, pela Arena. Adotado o critério, eu, que não sonhara ter possibilidade, vi que poderia disputar e comecei, imediatamente, o meu trabalho.

Os candidatos começaram a surgir: Herbert Levy, Arnaldo Cerdeira, ministro Paulo Egídio, prefeito de Santos, Sílvio Fernandes Lopes, vice-governador Laudo Natel, Gastão Vidigal, Gama e Silva e Abreu Sodré.

Durante a disputa da prévia da Arena, fatos curiosos ocorreram, alguns dos quais presenciei e outros foram relatados por integrantes da minha equipe.

No primeiro dia da votação, o Francisco Franco foi o primeiro a comparecer às urnas e ao receber o envelope (envelope especial, utilizado no Congresso para as eleições), solicitou do mesário um envelope extra

104   Roberto de Abreu Sodré

alegando "que algum companheiro poderia querer trazer o voto já pronto".

Um membro da minha equipe, conhecedor das artimanhas daquele deputado, tentou impedir a entrega do envelope sobressalente e em altos brados convocou o presidente Arnaldo Cerdeira no sentido de impedir a consumação do fato. O Cerdeira, alegando não haver nenhum imperativo regimental, acolheu o ponto de vista do presidente da Assembléia.

O que o meu companheiro de equipe pretendeu evitar foi o que realmente veio a suceder durante o pleito, isto é, o envelope extra serviu para a concretização da "corrente da felicidade" dos elementos da "pesada" que já haviam comprometido o seu voto.

Aquele companheiro chegou até a identificar os participantes do conchavo, bem como o local em que a "quadrilha" datilografava as cédulas e remunerava seus asseclas. Até um "fiel de tesoureiro" foi colocado pela "gang" próximo a urna eleitoral com o objetivo de, verificado a exibição do envelope extra, autorizar o pagamento.

Nos últimos dias que antecederam o pleito, uma ala do ex-PSP lançou a candidatura Sílvio Fernandes Lopes, que passou a ser uma constante no voto tríplice da corrente ademarista e seus aderentes, com apoio de Laudo Natel e de Paulo Egídio, que tinham como única preocupação desviar os votos que já haviam sido assegurados ao meu nome.

Sabedor do fato, o presidente Castello Branco, através dos órgãos de segurança, começou a fiscalizar, e informava que se alguém fosse colhido em flagrante, teria seus direitos políticos cassados.

O resultado deu-me a primeira colocação, com maioria absoluta de votos, seguindo-se Laudo Natel, com diferença de 11 votos, em segundo lugar, e Sílvio Fernandes Lopes e o ministro Paulo Egídio, empatados, com uma diferença de um voto sobre Laudo Natel, em terceiro.

Aí teve início nova batalha. Sabedor do resultado, tomei a iniciativa de, imediatamente, comunicar ao presidente o final da prévia partidária, recebendo do presidente Castello Branco, pelo telefone, as felicitações pela minha vitória.

O trabalho para inverter o resultado da preferência partidária iniciou-se, afimando-se que a minha vitória seria uma conquista do "lacerdismo" e, portanto, perigosa para a Revolução. Lancei-me, com meus companheiros da ex-UDN de São Paulo, a campo para desmanchar as intrigas que se urdiam. Em favor desse serviço de destruição das intrigas, encontrei apoio em alguns membros do governo Castello Branco e em todos os líderes nacionais do meu ex-partido.

A lista tríplice do resultado da prévia foi elaborada com quatro nomes. Interpretava o presidente Arnaldo Cerdeira e os que estavam ligados a Ademar de Barros, que tendo ocorrido empate na terceira colocação, na lista que seria submetida ao presidente, deveriam figurar os nomes dos quatro primeiros colocados. A tese era justa, mas punha em

Castello Branco: testemunhos de uma época

perigo a minha candidatura. A inclusão do nome do ministro Paulo Egídio, assessor direto do presidente, iria receber, fatalmente, sua aprovação.

Quando lhe foi entregue a lista tríplice por Arnaldo Cerdeira e alguns membros da Executiva da Arena paulista, de novo o presidente devolve aos dirigentes arenistas a responsabilidade da escolha, deixando transparecer que o resultado das urnas não deveria ser modificado. Reunida a Comissão Executiva, por maioria de votos, foi adotado o critério da escolha do mais votado. Logo após a escolha pela Comissão Executiva, recebi do presidente Castello Branco documento que guardo com grande orgulho e que passo a transcrever: "Esse Estado adquiriu hoje a confirmação de que terá, no próximo quatriênio, a segurança de seu progresso com o bem-estar do povo paulista e paz social. Minhas congratulações pela grande vitória da Arena e de seu prestígio pessoal. (a) Castello Branco – Presidente da República".

Ademar de Barros e seus seguidores, antigos e recentes, após o pronunciamento da Executiva Estadual em favor do meu nome, iniciam uma perigosa manobra de compra de deputados para derrotar-me na convenção partidária ou no plenário da Assembléia Legislativa. Aí a ação do presidente se fez sentir de forma positiva, a cassação dos mandatos de alguns membros da "pesada" foi anunciada e, eles aterrorizados, recuaram.

Meu caro Luiz Viana, procurei no Governo do Estado corresponder a essa confiança dos meus companheiros de partido e, principalmente, à delegação de responsabilidade que o presidente Castello Branco, como chefe da Revolução, me outorgava, para presidir, em São Paulo, no Governo, a implantação dos métodos político-administrativos que estão consubstanciados na teoria da Revolução de 1964.

Desculpe-me a falta de dados mais precisos. Como já lhe disse, não tenho vocação para historiador e, sendo desorganizado nos meus arquivos, encontrei poucos documentos da época. Recorri à memória e à lembrança dos amigos que mencionei. A menção de alguns fatos, aliados aos documentos que você tem, o ajudará, espero, a compor este capítulo das memórias do grande brasileiro Castello Branco.

Creio que todo São Paulo é grato pela forma enérgica com que o presidente traçou as linhas mestras da nova Revolução brasileira e a forma democrática e respeitosa com que tratou os interesses de meu Estado.

Aguardo seu livro, que será a recordação de uma lição e a lembrança de um exemplo que os brasileiros terão sempre para admirar: o soldado Castello Branco, o líder e político Castello Branco e o presidente Castello Branco precisam sempre ser lembrados para que o Brasil continue a ter grandes filhos.

Com afeto do
Abreu Sodré

10. VERNON WALTERS

Adido Militar da Embaixada dos Estados Unidos no Brasil (1945-1948), vice-diretor da CIA (1972), embaixador itinerante do presidente Reagan e atual chefe da missão americana junto às Nações Unidas.

OS ANOS DE GUERRA

Encontrei Humberto de Alencar Castello Branco, pela primeira vez, em Fort Leavenworth, no Kansas, durante o verão de 1943. Estávamos ambos participando de um curso que ali se realizava na Escola de Comando e Estado-Maior do Exército.

Eu, que havia aprendido português recentemente, e esse oficial, que havia estudado na *École de Guerre*, da França, e que falava bem o francês, iniciamos então uma estreita amizade, mais tarde solidificada na Itália e que devia durar até sua inesperada morte, em 1967.

Sua agilidade mental e a ampla compreensão que demonstrava em relação aos problemas de maior importância me impressionaram imediatamente. Seu irônico senso de humor e sua habilidade em troçar de si mesmo o tornavam singular. À medida que o conheci melhor, o que talvez mais me impressionava nele era seu brilho intelectual, bem como seu interesse por tudo que o cercava e, especialmente, seu alto grau de integridade pessoal.

Nossos destinos se separaram após essa permanência em Leavenworth, para novamente se cruzarem rapidamente quando eu estive no Rio de Janeiro, mais tarde, naquele mesmo ano, ocasião em que ele servia como Oficial de Operações, G-3, subordinado ao general Mascarenhas de Morais, que comandaria a Força Expedicionária Brasileira, a qual se preparava para seguir para o teatro de operações da Europa.

Na época, mais uma vez seu rápido raciocínio analítico, sua habilidade em desprezar o acessório para chegar diretamente ao fulcro do que era essencial me causaram profunda impressão. Conheci sua esposa e seus filhos e pude verificar os estreitos laços de amor e de estima que os uniam.

Voltei, então, à Itália, e estava servindo no V Exército dos Estados Unidos, ali, quando chegou a Força Expedicionária Brasileira, no verão de 1944. Pouco tempo depois, o general Mark Clark, Comandante do V

Exército, designou-me para a Primeira Divisão de Infantaria Brasileria, como seu representante e oficial de ligação. Daí em diante, passei a trabalhar em contato diário com o coronel Castello Branco. E pude observar aquele homem exercendo suas funções sob todo tipo de pressões, inclusive enfrentando a inveja de outros oficiais menos talentosos e menos qualificados.

Eu observava a combinação de força, firmeza e tato que ele imprimia a seu trabalho durante todo o período no qual a Força Expedicionária Brasileira completava seu treinamento e recebia o equipamento com o qual deveria lutar. Em seus contatos com o Exército dos Estados Unidos, ele se mostrava firme ao exigir aquilo a que, em sua opinião, os brasileiros tinham direito, mas sempre de forma razoável, nunca subserviente. Sua habilidade em sempre procurar colocar certa dose de humor em meio a uma discussão que de repente parecia tornar-se amarga, além de sua perfeita compreensão do assunto de que tratava, fazia com que ele merecesse o respeito de todos os americanos com que teve de lidar. Eles o reconheciam como um homem que não exigiria mais do que o necessário, mas que jamais concordaria em receber menos, a não ser que alguma explicação razoável lhe fosse dada juntamente com a promessa de que os brasileiros iriam receber mais tarde a parte que lhes cabia.

Ele reconhecia as complexas dificuldades inerentes a um exército como o V Exército dos Estados Unidos, integrado por muitas nacionalidades e, algumas vezes, com distintos tipos de equipamento. Estava, porém, decidido a fazer com que a Primeira Divisão Brasileira recebesse o que lhe era devido e cumprisse sua parte.

Eu o acompanhei a várias reuniões realizadas com oficiais superiores norte-americanos – o general Mark Clark, o general Crittenberger, Comandante do Fourth Corps, em cuja área os brasileiros iriam atuar, e outros mais. Em todas essas oportunidades ele causou profunda impressão, por seu brilhantismo, por sua coragem e firmeza de julgamento.

No final do mês de outubro, a Divisão foi encarregada de combater nas acidentadas montanhas dos Apeninos – primeiro, apenas um regimento e, depois, finalmente, todos os três, já que os brasileiros haviam tomado um área situada a doze milhas do "front", ao Sul de Bolonha. A Divisão instalou seu quartel-general em uma pequena estação de águas chamada Poretta Terme, no prédio de um hotel. O coronel Castello Branco e eu ocupávamos o andar superior do prédio. Pouco depois de nossa mudança para esta cidade, os alemães começaram a atacá-la fortemente, com artilharia média e pesada (170 mm). Freqüentemente, os bombardeios se estendiam por quase toda a noite. Lembro-me de que em várias oportunidades, quando o ataque se tornava por demais violento e próximo, eu chamava o coronel Castello Branco pelo telefone – embora seu quarto se localizasse no mesmo andar – e lhe perguntava se não achava que talvez fosse melhor descermos para nos abrigar no porão. Ge-

Castello Branco: testemunhos de uma época   109

ralmente sua resposta era a de que, sendo brasileiro, ele não gostava de frio. Ademais, sentia-se confortável em sua cama de campanha e não tinha qualquer intenção de deixá-la, com bombas ou sem bombas. Eu poderia descer, se quisesse, mas ele não iria sair de dentro de suas cobertas. Não é preciso dizer que eu não poderia ir para o abrigo, sob pena de sofrer intolerável humilhação; assim, não fui para lá, embora tivesse vontade de fazê-lo.

Certa noite, uma granada explodiu bem do lado de fora de minha janela e vários fragmentos incrustaram-se nos postigos de madeira (há muito as janelas tinham sido quebradas), e a força da explosão quase me atirou para fora da cama de lona onde eu havia estendido o saco de dormir. Na manhã seguinte, durante o café da manhã, o coronel Castello Branco comentou sobre a explosão e disse que, pelo jeito, o barulho deveria ter sido bastante forte do lado em que eu me encontrava, no prédio. Eu disse que sim, que alguns fragmentos, inclusive, se haviam incrustado em minha janela e que eu estava pensando se não seria melhor nós nos mudarmos para outro prédio na cidade. Ele riu e disse que, às vezes, ao se tentar escapar do perigo, cai-se dentro dele. Contou-me, então, certa estória que ilustrava sua opinião:

Era uma vez um sultão do Egito que tinha um bom ministro, ou vizir. Certo dia, o ministro correu para ver o sultão, mostrando-se, obviamente, bastante assustado, e lhe disse: 'Oh, sultão, tenho que abandonar imediatamente este lugar. Caso eu lhe tenha sido suficientemente fiel, por favor, dê-me algum dinheiro, para que eu possa ir embora!' O sultão, não entendendo a razão da agitação do ministro, disse: 'Mas, por que desejas ir embora?' O ministro respondeu que, passeando pelo mercado, havia encontrado o anjo da morte, que o olhara de modo tão estranho ,que ele sentiu que deveria fugir imediatamente! O sultão, vendo que não podia argumentar com o vizir, deu-lhe um saco cheio de moedas de ouro, dizendo-lhe: 'Tens sido um bom ministro. Quando te recuperares, volta e serás de novo meu ministro.' Perguntou, então, ao vizir para onde ele estava indo, e este lhe respondeu que iria para muito longe, na direção da Ásia Central, rumo à mística cidade de Samarkand. Algumas semanas mais tarde, o sultão estava passeando nos jardins do palácio e viu o anjo da morte. O sultão perguntou-lhe: 'Oh, anjo, por que assustaste tanto o meu ministro?' O anjo respondeu: 'Oh, sultão, eu não tive a intenção de assustá-lo, mas não pude deixar de mostrar surpresa por vê-lo aqui, no Egito, quando eu sabia que tinha um encontro marcado com ele, *hoje, à noite,* em Samarkand"'.

Arrepiado, entendi o que ele queria dizer. Não me mudei e nunca mais outra granada caiu tão perto de nós outra vez.

Sob todo esse bombardeio, sob o impacto do insucesso das primeiras operações dos brasileiros, pressionado pelos comandantes norte-americanos, sofrendo a inveja de alguns oficiais brasileiros que se ressentiam

110 Vernon Walters

com a grande confiança nele depositada pelo Comandante da Divisão, general Mascarenhas de Morais, Castello Branco, se mantinha, porém, imperturbável e decidido.

Logo após o insucesso do ataque brasileiro a Monte Castelo, o coronel Castello Branco começou imediatamente a planejar a próxima investida. Ele caminhava pelo campo de batalha, conversando com os oficiais e demais militares, inclusive com os soldados, tentando descobrir o que havia falhado, quais os pontos fracos do treinamento, o que poderia ser feito para que as chances de sucesso fossem maiores no próximo ataque.

Freqüentemente, por volta da meia-noite, ou a 1 hora ou às 2 horas da manhã, ele e eu nos sentávamos com outros oficiais, em seu gabinete, para discutir sobre a guerra e sobre o mundo. Sem ser ostensivamente religioso, havia em Castello, no entanto, uma profunda fé espiritual. Em mais de um ano de contacto diário com ele, no ardor da batalha, ou durante alguns dias de licença em Roma, ou em contactos com os americanos, ingleses e italianos, nunca vi Castello agir de maneira vulgar ou falar alguma impropriedade. O homem possuía uma integridade moral a toda prova. Em momentos de perigo, ele, logicamente, sentia medo como qualquer ser humano, mas sua férrea autodisciplina fazia com que ele se mantivesse friamente calmo, o mesmo exigindo dos outros.

Um incidente ocorrido aproximadamente às 2 horas de uma gélida madrugada do mês de dezembro ilustra o que estou dizendo. Acordei às duas horas da manhã e notei que a artilharia brasileira que nos apoiava estava tendo problemas em algum lugar não muito distante de nosso posto de comando. Inquieto e ansioso, fiquei em minha cama de campanha, relutando em levantar, embora soubesse que tinha que fazê-lo. Finalmente, pus-me de pé, coloquei minhas roupas, fui ao quarto de Castello e bati à sua porta. Ele não estava lá. Desci para o gabinete da G-3 e achei-o (um nordestino brasileiro acostumado ao calor) protegendo-se com roupas pesadas, obviamente aprontando-se para sair. Perguntei-lhe o que estava acontecendo e ele me disse que não tinha certeza, mas que algo estranho parecia estar ocorrendo na Ponte Silla, situada a cerca de duas milhas dali. Perguntou-me se eu queria ir com ele, já que o comando do *Fourth Corps* certamente logo me chamaria para saber o que estava ocorrendo. A essa altura, eu já estava certo de que os alemães estariam na Ponte Silla e que ali seríamos recebidos por eles. Já que o coronel me havia feito a pergunta na presença de vários oficiais brasileiros, eu não tinha como deixar de ir com ele, pois, do contrário, eu ficaria humilhado. Assim, tentando esconder meus quase 2 metros de altura atrás de uma pequena figura de um pouco mais de 1 metro e meio, pulei para dentro do jipe, atrás dele, e nos dirigimos para a Ponte Silla, enquanto o fogo continuava. Na ponte vimos um grupo de soldados brasileiros se movendo de um modo muito confuso. Castello encontrou o tenente

Castello Branco: testemunhos de uma época   111

responsável por aqueles homens e perguntou-lhe rispidamente quem era ele e o que estava fazendo ali. O tenente respondeu-lhe que ele e o seu pelotão se haviam colocado em posição no início da noite, após terem chegado do setor de substituição de pessoal. Renderam um outro pelotão brasileiro e, mais ou menos às 2 horas da manhã, foram atacados pelos alemães. Extremamente excitado, o tenente disse que "milhares de enormes alemães louros" tinham escalado sua posição gritando "Heil, Hitler". Castello olhou friamente para o tenente e disse que não havia milhares de alemães em frente a eles e que ninguém atirava gritando "Heil, Hitler" desde a Tunísia. O tenente, ainda excitado, disse que aquilo era o que de fato havia acontecido. Castello falou, rispidamente: "Alguém lhe deu ordens para abandonar sua posição?" "Não, senhor". "Então, volte para lá, imediatamente!" "Coronel," disse o tenente, "eu não me incomodo de morrer pelo Brasil, mas não quero que meu filho se torne órfão de uma causa perdida!" Castello olhou-o seriamente, levantou a capa de seu coldre e falou: "Tenente, volte imediatamente para sua posição, ou seu filho realmente será um órfão antes do amanhecer!" O tenente entendeu o verdadeiro significado das palavras de Castello e, obviamente impressionado com sua frieza, bateu os calcanhares, fez continência e, seguido por seus homens, moveu-se silenciosamente no meio da noite para reassumir sua posição. Seis semanas mais tarde, aquele mesmo tenente foi condecorado por heroísmo. A fria calma de Castello havia feito o tenente e seus homens compreenderem a importância de sua missão, como soldados do Brasil.

Não é comum alguém ter a oportunidade de observar um homem sob tais condições. A verdadeira medida da coragem e da calma de Castello me havia sido claramente demonstrada. Em nenhum momento seu humor e sua capacidade de raciocínio o abandonavam. Tinha sempre uma anedota ou uma estória para contar. Homem brilhante, ele se tornava impaciente com a incompetência e pouco disposto a tolerar a fraqueza ou a mentira. Sua pequena figura se tornou legendária na Divisão, pois costumava dar voltas com seu jipe e cochilava na direção. Nunca teve medo de expressar suas opiniões ao tratar com seus superiores ou com oficiais americanos, jamais se mostrando constrangido, arrogante ou subserviente.

A última grande batalha enfrentada pela Divisão foi a captura de Montese, após um longo dia de árdua e intensa luta. Em companhia do general Mascarenhas de Morais e do coronel Castello Branco, eu observava o avanço do 11º Regimento de Infantaria na direção de Montese, apoiado pela 751ª Divisão de Blindados dos Estados Unidos. À medida que os brasileiros avançavam, os alemães reagiam violentamente, com pesado fogo de artilharia. Nas proximidades de Montese, perto do cemitério, notamos que a infantaria brasileira e os tanques americanos de repente pararam. Podíamos notar que havia como que certa hesitação de

112 Vernon Walters

ambas as partes. Escurecia rapidamente e o general Mascarenhas estava ansioso por tomar a cidade antes do anoitecer. Ele se voltou para Castello e lhe disse: "Desça lá e faça com que aqueles soldados e os tanques sigam em frente." Castello fez-lhe continência e me chamou. Eu o segui para fora do posto de observação. Entramos em seu jipe atrás da colina e nos dirigimos para um ponto situado a meio caminho do cemitério. Lá tivemos que deixar o jipe, uma vez que este se tornara um alvo fácil demais. Movemo-nos cautelosamente, atrás do grupo de engenheiros do coronel José Machado Lopes que caçavam minas no terreno e corremos de trincheira em trincheira, até chegarmos ao cemitério, no lado Oeste de Montese. Ali constatamos uma evidente confusão entre o comando do batalhão brasileiro e o comando da divisão de blindados norte-americana. Rapidamente, Castello explicou – enquanto eu traduzia – o que eles tinham que fazer. Entrar imediatamente em Montese e tomar a cidade antes que escurecesse, seguindo depois na direção Oeste e Norte. Respondeu a algumas perguntas e, a seguir, ordenou que continuassem seu caminho. A infantaria brasileira subiu nos grandes tanques e, juntos, brasileiros e americanos tomaram Montese, a despeito do pesado fogo de artilharia alemã que caía sobre a cidade e em volta dela. Depois de acompanhar a evolução do ataque, voltamos ao posto de observação do general Mascarenhas, em Sassomolone. Esta ação fez com que Castello ganhasse a única Cruz de Combate de 1ª Classe conferida a um membro daquela Divisão.

A guerra acabou e eu voltei com a Divisão para o Brasil, na condição de Assistente do Adido Militar dos Estados Unidos. Após a morte de meu pai, em 1946, minha mãe veio morar comigo no Brasil.

OS ANOS DE PAZ

Nos anos que se seguiram a 1945, quando a Força Expedicionária Brasileira voltou da Itália, tive a oportunidade de conhecer de perto o coronel Castello Branco e sua família. Sua esposa, Argentina, e minha mãe se tornaram grandes amigas. Ambas falavam francês e ambas guardavam boas recordações de Paris.

Dona Argentina Castello Branco era uma mulher bonita e culta. Ela e o marido eram muito ligados e participavam da vida um do outro de maneira excepcional. Onde ele se mostrava arredio e formal, ela era afetuosa e amiga. Entre os dois havia não apenas amor e afeição, mas, igualmente, um verdadeiro companheirismo. Freqüentemente vinham à minha casa ou eu ia à deles. Conheci muito seus filhos, também – Paulo, então um cadete da Escola Naval, e Antonieta – em sua pequena casa, à Rua Nascimento Silva, 394, em Ipanema. Falávamos sempre da guerra, da França, do Brasil. Jamais, em qualquer momento, ouvi qualquer palavra

Castello Branco: testemunhos de uma época   113

de Castello que demonstrasse algum interesse seu em participar da vida política.

Em 1948, fui transferido do Brasil para me tornar Assessor de Averell Harriman, que fora encarregado de implantar o Plano Marshall. Embora eu fosse apenas um major, o general Zenóbio da Costa, assistente do Comando da Divisão na Itália, designou uma guarda de honra para me recepcionar no aeroporto, e o coronel Castello Branco e dona Argentina foram lá para despedir-se. Quatorze anos se passariam até que eu voltasse ao Brasil e visse a família Castello Branco outra vez.

Em outubro de 1962, voltei ao Brasil, desta vez na condição de *Attaché* do Departamento de Defesa. Meus amigos brasileiros foram receber-me no aeroporto, mas alguns meses se passariam antes que eu voltasse a ver Castello novamente. Ele agora era general e estava no Comando do IV Exército, em Recife. Em todos aqueles anos, além de cartões de Natal, havíamos trocado, talvez, uma dúzia de cartas.

Dois anos antes de ele ser transferido de volta para o Rio, a fim de exercer a função de Chefe do Estado-Maior, encontrei os Castello Branco. Ele, realmente, não havia mudado muito; dona Argentina, com os cabelos um pouco mais acinzentados, continuava tão bonita e graciosa como sempre – ambos, talvez, ainda mais ligados, agora que seus filhos haviam casado e constituído famílias.

OS ANOS DA PRESIDÊNCIA

Meu primeiro contacto com o general Castello Branco, após sua indicação e eleição para a Presidência da República, quando estive presente com nosso Embaixador em Brasília, ocorreu na manhã seguinte, às 6 horas. O telefone tocou, em meu quarto na Embaixada, acordando-me de um sono profundo. Uma voz bem conhecida falou do outro lado da linha: "Walters, você estava dormindo?" "Não, senhor", respondi. Ele, então, me disse que me conhecia e que provavelmente eu estava dormindo. Perguntou-me, em seguida: "Você tem algum compromisso que possa cancelar para o almoço, hoje?" Eu realmente tinha um almoço marcado, de certa importância, mas imediatamente respondi: "Não, Sr. Presidente." Ele me convidou, assim, para almoçar com ele, naquele dia, no Palácio da Alvorada. Obviamente, aceitei o convite e, no momento apropriado, notifiquei o Embaixador, que não apresentou nenhuma objeção, desde que o encontro fosse cercado de discrição.

A uma hora da tarde eu estava no Palácio e fui levado para uma sala, no andar superior, da qual se avistava o Congresso e que o Presidente usava para leitura e refeições. A mobília da sala tinha sido um presente dos Estados Unidos à nova Capital, vários anos antes.

O Presidente me convidou a sentar e disse: "Aqui estou eu onde jamais pensei que estaria, sentado em uma cadeira que jamais desejei." Relembrei-lhe, a propósito, algumas palavras de Truman: "Quando se é presidente, o único futuro que se tem está na memória do povo". Ele concordou, pensativamente, e disse que realmente era isto o que acontecia. Falei-lhe, então, da placa que existira na mesa do Sr. Truman: *"The Buck Stops Here"** – (Responsabilidades não se transferem).

Em seguida, dei-lhe de presente um abacaxi, de tamanho natural, feito em madeira, pintado de maneira muito realista. Ele sorriu e perguntou por que eu lhe dava aquele presente, ao que lhe respondi que eu sentia que aquilo simbolizava que ele agora teria que lidar com o maior e mais espinhoso abacaxi do Brasil. Ele riu e concordou com a observação.

Falou-me de sua intenção de manter um governo constitucional e democrático no Brasil. Expressou-me sua determinação em tentar servir a seu país da melhor maneira possível, em meio a uma situação política e econômica extremamente difícil. Sabedor de sua sensibilidade em relação à soberania brasileira, decidi jamais fazer-lhe perguntas de cunho político ou tentar descobrir o que ele tinha em mente a este respeito. Em todas as nossas conversas – e houve muitas – ao longo dos anos subseqüentes, segui esta regra, permitindo que ele conduzisse o diálogo da forma que lhe agradasse. Fazia questão de nunca perguntar-lhe sobre problemas militares ou políticos. De vez em quando ele discutia tais questões, mas sempre em termos de generalidades.

Um exemplo disso é o fato de que, ao fim de seu mandato, quando o marechal Costa e Silva anunciou sua candidatura à Presidência e sua renúncia ao cargo de ministro da Guerra, o presidente Castello Branco parou, certo dia, em minha casa, como costumava fazer, para tomar um sorvete e uma xícara de café, e, enquanto conversávamos, perguntou-me, de repente: "Quem você pensa que indicarei para o cargo de ministro da Guerra? Quero ver apenas se você é capaz de adivinhar. Eu não lhe direi, mesmo que acerte." Respondi-lhe: "Presidente, não tenho qualquer chance de ganhar nesse tipo de jogo, mas não acho que o senhor irá nomear o general Lyra Tavares para o cargo de ministro, já que imagina que ele seria um bom ministro para o marechal Costa e Silva. Não creio que indicará o general Geisel, pois deseja guardá-lo para o futuro. Penso que o senhor irá querer alguém em quem deposite inteira confiança e que conheça seus pontos de vista a respeito de como o Brasil deverá enfrentar as dificuldades do período eleitoral. Conseqüentemente, creio que o senhor indicará o marechal Ademar de Queiroz para o Ministério da Guerra." Nenhum músculo de sua face se moveu, e ele disse, simplesmente: "Bem, você saberá dentro de um ou dois dias."

---

* *Nota do Autor:* Em português, o significado da palavra "buck" é expresso pelo vocábulo "abacaxi", fruta inteiramente coberta de espinhos.

Castello Branco: testemunhos de uma época 115

Posteriormente, descobri que ele já havia falado com Ademar, mas nada deixou transparecer a respeito do assunto, naquele momento. Riu apenas e disse: "Eu só queria saber sua opinião."

No dia seguinte, o telefone tocou exatamente após a transmissão, pelo rádio, do programa "Hora do Brasil". Era o presidente Castello Branco. Ele me perguntava se eu havia escutado a transmissão e se sabia quem ele havia indicado. Eu lhe disse que não. E ele me disse: "Indiquei o presidente da Petrobrás, Ademar de Queiroz, para o cargo. Você adivinhou bem."

Ele vinha sempre à minha casa e eu sentia que isto era para ele uma forma de descanso. Falávamos da Segunda Guerra Mundial, de outras regiões do mundo e de nossas famílias. Eu sentia que ele vinha porque desejava falar a um velho amigo, que não lhe pediria favores nem tentaria obter informações. Ele costumava, com freqüência, discutir filosofia, quando sua profunda fé religiosa e sua sólida integridade se tornavam mais que evidentes. Os boatos de que iria casar-se novamente ou de que se interessava por esta ou aquela senhora viúva o magoavam profundamente. Certo dia ele resmungou em voz alta: "Minha esposa era uma mulher bonita, graciosa, de família e de berço. Tudo isto, junto com o bom humor e a inteligência que ela trouxe para o nosso casamento e com o que eu pude trazer, na condição de um pobre Segundo-Tenente, foi o que consegui em termos de bens materiais. Agora, que cheguei a este lugar, do qual a única coisa que posso esperar é salvar minha alma imortal e ser relembrado como um bom Presidente, não é uma ironia que ela não esteja mais a meu lado?"

O fato de minha mãe ter sido íntima amiga de sua esposa e de que eu também tivesse conhecido dona Argentina estreitava muito os laços que existiam entre nós.

Muitas pessoas perguntavam se eu nunca tentara influenciá-lo a tomar qualquer atitude. Jamais o fiz. Tivesse eu tentado fazer isso e nossa amizade teria acabado. Ele jamais aceitaria discutir com qualquer estrangeiro acerca de medidas que apenas dissessem respeito ao Brasil. Falávamos sempre da China, da União Soviética, da África, bem como de alguns países do continente americano, mas sempre de modo generalizado. Muitas vezes ele me perguntava como os americanos viam um ou outro problema em diferentes partes do mundo. Então, eu lhe dava respostas francas.

Quando o Brasil enviou tropas para a República Dominicana, durante a crise ocorrida naquele país, ele me disse que o fazia não para agradar aos americanos, mas porque a liberdade de um país irmão – a República Dominicana – havia sido ameaçada, como acontecera com a do Brasil, pelo comunismo. O Brasil não podia simplesmente ficar parado, vendo isto acontecer. "À medida que o Brasil se projeta no mundo, crescem igualmente suas responsabilidades."

Os anos de Presidência não causaram grandes mudanças em Castello. Talvez a perda de sua esposa e o cargo de presidente o tenham tornado mais solitário, embora ele sempre se sentisse bem com seus filhos. Seu reservado senso de humor, porém, jamais o abandonou. Era irônico e, freqüentemente, autodepreciativo, mas sempre uma pessoa de grande presença e dignidade, sem ostentação. Jamais me dirigi a ele sem chamá-lo de "Sr. Presidente". Nunca mais o abracei publicamente depois de ele ter sido eleito presidente. Em público sempre mantinha certa distância e me comportava como se o Adido Militar dos Estados Unidos não conhecesse o presidente do Brasil. Eu compreendia que nossa amizade poderia ser usada contra ele e, desta forma, procurava assumir uma atitude que jamais pudesse dar margem a algo que justificasse esse tipo de acusação. Meu almoço com ele em seu primeiro dia de mandato tornou-se fato conhecido e foi usado por seus detratores como prova de que ele sofria influência dos Estados Unidos. Em seu último dia na Presidência ele me convidou para jantar. Eu lhe disse que isto poderia ser usado contra ele. Com um sorriso, ele me respondeu: "Eles me acusaram de havê-lo convidado para almoçar comigo. Agora tudo o que eles poderão dizer é que você também participou do último jantar comigo". E eu fui.

Eu o vi ainda com mais freqüência após ele ter deixado a Presidência. Estava arrumando seu apartamento e organizando seus arquivos. Sempre mencionava que não se havia esquivado de adotar várias medidas impopulares, particularmente no setor econômico, por se preocupar em assegurar a estabilidade e a prosperidade do Brasil para os anos seguintes. Quando os ataques a seu ministro Roberto Campos se tornaram extremamente ásperos, ele interferiu pessoalmente e deixou claro que Campos não havia adotado nenhum política de cunho pessoal. Campos, simplesmente, colocara em prática a política que ele, Castello, havia determinado.

Troçava dos ataques que lhe dirigiam, como costumava fazer em relação à sua própria aparência. Convivia bem com tais fardos, e o fazia com satisfação.

Na noite em que deixei o Brasil, vários meses após ele ter saído da Presidência, ele veio ao cais, com seu filho, para despedir-se, e prometeu visitar-me em Paris. Esta seria a última vez que eu o veria. Alguns meses mais tarde, no Vietnã, eu soube de sua morte trágica. Mandei rezar uma missa em sua memória, pelo nosso capelão, pois sabia que ele desejaria ser lembrado como um soldado. Enviei uma mensagem a seus filhos, dizendo-lhes que o mundo havia perdido um grande estadista, o Brasil um líder e eu, um querido amigo. Eu me sentia melhor, como ser humano, pelo fato de Humberto de Alencar Castello Branco, apesar de nossas diferenças de idade e de origem, me haver honrado com sua amizade. Para mim tal amizade tinha um grande valor, pois ele não a concedia com facilidade.